LA CONVERSATION EN ESPAGNOL

2e édition

Olivier RUAUD

PARTIE III
Les problèmes

PARTIE I

SAVOIR S'EXPRIMER

1. L'ALPHABET / *EL ALFABETO*

Les lettres espagnoles et leur prononciation

L'alphabet espagnol comporte une lettre de plus que le français : le *ñ*. Depuis 1994, le *ch* et le *ll* ne sont plus considérées comme des lettres entières. Dans le tableau ci-dessous, vous trouverez les lettres ainsi que leur prononciation en phonétique internationale et un exemple.

Lettre	En phonétique internationale	À la française	Nom en espagnol
A	[a] ouvert	Patte	*La a*
B	[ß]/[b]	Proche du « b » français[1] de « bain ».	*La be*
C	C [θ] devant « e » ou « i »	Proche de l'anglais *"the"* en plaçant le bout de la langue entre les dents.	*La ce*
	[k] devant les autres voyelles	Comme dans le français « cape ».	
CH[2]	[tʃ]	Comme dans le mot anglais *"children"* ou dans le « tch » de « caoutchouc » en français.	*La che*
D	[d]	Comme dans le français « diète ».	*La de*

1. Le « b » espagnol a la même prononciation que le « v ». Sans entrer dans un détail peu opérant ici, sa prononciation est proche du français, la différence étant que le [b] aura exactement la même prononciation que le français (ex : *basta*, « ça suffit ») et le [ß] se prononcera sans fermer totalement la bouche (ex : *haber*, auxiliaire « avoir »). Si vous n'y parvenez pas, pas d'inquiétude, en vous cantonnant strictement au français, vous n'en serez pas moins compréhensible.

2. Même si elle n'est plus considérée comme lettre à part entière, son placement dans cette liste alphabétique en facilite le recensement.

Lettre	En phonétique internationale	À la française	Nom en espagnol
E	[e] fermé	Comme dans le français « pré ».	*La e*
F	[f]	Comme dans le français « falaise ».	*La efe*
G	[x] devant « e » et « i »	Prononcé de façon gutturale un peu comme le « ch » dur en allemand ou un « r » français très guttural.	*La gé*
	[g] devant les autres voyelles[3]	Comme dans le français « garçon ».	
H	Muette	Muet comme dans le français « homme ».	*La hache*
I	[i]	Comme en français (voyelle mi-longue).	*La i*
J	[x]	Le « j » suivi de toutes les voyelles se prononce de façon gutturale come le « g » devant « e » et « i ».	*La jota*
K	[k]	Se prononce comme en français.	*La ke*
L	[l]	Se prononce comme en français.	*La ele*
LL	[ʎ]	Se prononce « lié » comme dans le français « lierre ».	*La elle*

3. Attention : le son [gn] se prononcera comme dans le français « stagner ». Il s'agit bien de différencier tous les phonèmes mis en présence. À l'inverse, le son français [gn] de « montagne » aura comme équivalent la *ñ* de *montaña*.

Lettre	En phonétique internationale	À la française	Nom en espagnol
M	[m]	Elle se prononce toujours, quelle que soit sa position. Au contraire du français, elle ne sera jamais nasalisée.	*La eme*
N	[n]	Tout comme le « m », elle se prononce toujours, quelle que soit sa position. Au contraire du français, elle ne sera jamais nasalisée.	*La ene*
Ñ	[ɲ]	Il se prononce comme dans les mots français ayant le groupe de lettres « gn » (« digne »).	*La eñe*
O	[o]	La voyelle « o » se prononce souvent ouverte comme dans « port ».	*La o*
P	[p]	Se prononce exactement comme en français.	*La pe*
Q	[k]	Tout comme en français, la consonne « q » est toujours accompagnée de la voyelle « u » qui reste muette.	*La cu*

Lettre	En phonétique internationale	À la française	Nom en espagnol
R	[ɾ]	Il est très différent du « r » uvulaire français. Contrairement à ce dernier, il est prononcé comme s'il s'agissait d'un « l » vibrant[4]	*La erre/ la ere*
S	[s]	Il diffère légèrement du « s » français dans la mesure où il se prononce en relevant le bout de la langue et en la plaçant entre le palais et les incisives supérieures. À ce titre, il se rapproche légèrement du « ch » français.	*La ese*
T	[t]	Se prononce comme en français.	*La te*
U	[u]	Attention : cette voyelle se prononce « ou » car le son palatal français « u » n'existe pas en castillan.	*La u*
V	[ß]/[b]	Se prononce à peu près comme le « b ».	*La uve*
W	[w]	Se prononce comme le « ou » de « oui ».	*La uve doble*

4. Le bout de la langue doit être en contact avec le palais et vibrer. La vibration doit être doublée lorsque le « r » est précédé d'un « b », d'un « l », d'un « n » ou d'un « s », triplée lorsqu'il est en début de mot ou qu'il est doublé. De manière générale, la prononciation du « r » espagnol pose problème au francophone qui n'a pas cette prononciation dans son schéma articulatoire. Répétons-le à l'envi : sa prononciation est calquée sur le « l » français, et si vous n'arrivez pas à le prononcer, substituez le « r » français par un « l » français.

Lettre	En phonétique internationale	À la française	Nom en espagnol
X	[χ]/[ks]	Se prononce comme « ks », mais jamais comme « gs ». Il peut également se prononcer comme la « *jota* » espagnole pour certains mots.	*La equis*
Y	[ʝ]	Il se prononce toujours comme une semi-voyelle (ou semi-consonne) n'entrant jamais en contact avec une consonne. De ce fait, il forme toujours une diphtongue avec la voyelle le suivant ou le précédant. On le prononce à peu près comme dans le mot français « rayer »	*La i griega*
Z	[θ]	Il se prononce comme le « c » espagnol devant « e » et « i », c'est-à-dire à peu près comme le *"the"* anglais.	*La zéta/zeda*

L'ACCENTUATION ESPAGNOLE

Contrairement au français dont l'accent est toujours sur la dernière syllabe du mot, l'espagnol a un accent mobile sur les trois dernières syllabes du mot.

ACCENT TONIQUE NON ÉCRIT

· **Accent oxyton** ***(agudo)*** : lorsque le mot est terminé par une consonne, à l'exception de « s » ou de « n », l'accent tonique porte sur la dernière syllabe :

Espagnol	Prononciation	Signification
La pared	la par**éd**	Le mur

· **Accent paroxyton** ***(llano o grave)*** : lorsque le mot est terminé par une voyelle, un « s » ou un « n », l'accent tonique porte sur l'avant-dernière syllabe :

Espagnol	Prononciation	Signification
Las paredes	las pal**é**désse	Les murs

ACCENT ÉCRIT

Accent proparoxyton ***(esdrújulo)*** : l'accent tonique porte sur l'antépénultième syllabe :

Espagnol	Prononciation	Signification
América	am**é**lica	Amérique

Par souci de commodité pour le lecteur, l'accent tonique sera représenté en gras sur la transcription phonétique des premières listes de vocabulaire de cet ouvrage. Ensuite, ce sera à vous de faire vos preuves. Mais rassurez-vous, ce n'est pas si difficile et même si vous procédez à des « arrangements avec le ciel » en terme d'aménagement accentuel, les Espagnols vous comprendront de toute façon.

2. SALUER, SE PRÉSENTER / *SALUDAR, PRESENTARSE*

De l'art de saluer en Espagne

Vous avez décidé de franchir les Pyrénées et de rencontrer nos amis ibériques. L'un des points essentiels pour entamer une conversation est de savoir saluer avec les termes adéquats en fonction de la journée. Ainsi, le matin vous direz *buenos días*, mais ce terme restera obligatoire jusqu'à l'heure du repas de la mi-journée. Ce « marqueur » temporel vous permettra de déduire si la personne à qui vous vous adressez a déjeuné ou non. Ainsi, si vous lui dites *buenos días* et qu'elle vous répond *buenas tardes*, cela signifiera qu'elle a déjà déjeuné, ce qui n'est pas votre cas. Vous l'avez compris, pour l'après-midi, on doit donc dire *buenas tardes*, et ce jusque 20 heures environ, heure à laquelle vous devrez passer à *buenas noches*.
En ce qui concerne la désignation du matin, c'est un peu plus compliqué : le terme *mañana* utilisé seul signifie « le lendemain », mais si on y adjoint la préposition *por* dans l'expression *por la mañana*, cela devient « le matin ». Ainsi, pour dire « demain matin », vous devrez dire *mañana por la mañana*. Outre ces exemples basiques, en voici d'autres pour aller plus loin dans la langue de Cervantès...

PHRASES COURANTES / *FRASES CORRIENTES*

À bientôt. *¡Hasta luego!*

À demain. *Hasta mañana.*

À la prochaine. *Hasta la próxima.*

À... (+ le jour de la semaine)[1]. *Hasta el...*

Au revoir (attention, cela ne signifie pas « adieu »). *Adiós.*

1. Voir le vocabulaire des jours de la semaine, *días de la semana*, p. 29.

Avez-vous un peu de temps ? *¿Tiene un ratito?*

Bonjour (jusqu'au repas de midi). *Buenos días.*

Bonjour (l'après-midi, après le repas de midi et ce jusqu'à 20 h). *Buenas tardes.*

Bonjour ! (un brin plus familier) *¡Hola!*

Bonne année ! *¡Feliz año nuevo!*

Bonne chance ! [à une personne vouvoyée] *¡Qué tenga suerte!*

Bonsoir (à partir de 20 h). *Buenas noches.*

C'est moi qui vous remercie. *Soy yo el/la que lo/la*[2] *agradezco.*

C'est un plaisir. *Es un placer.*

Ça ne fait rien. *No pasa nada.*

Comment allez-vous ? *¿Qué tal?*

Comment t'appelles-tu ? *¿Cómo te llamas?*

Comment vous appelez-vous ? *¿Cómo se llama?*

De rien. *De nada.*

Enchanté(e). *Encantado(a).*

Et toi, comment vas-tu ? *Y tú ¿qué tal?*

Et vous, comment allez-vous ? *Y usted ¿qué tal?*

---

2. Le pronom COD *lo* fait référence à un homme alors que *la* indique une femme.

Excusez-moi d'être en retard. *Perdón por llegar tarde.*

Faites bon voyage ! *¡Qué tenga un buena viaje!*

Félicitations ! *¡Enhorabuena!*

Félicitations pour votre mariage ! *¡Enhorabuena por su boda!*

Il y a quelqu'un ? *¿Hay alguien?*

Je m'appelle... *Me llamo...*

Je suis content(e). *Estoy contento(a).*

Je suis ravi de te connaître. *Me alegro de conocerte.*

Je suis ravi de vous connaître. *Me alegro de conocerle.*

Je vais comme ci comme ça. *Estoy regular.*

Je vais très bien, merci. *Estoy muy bien, gracias.*

Je vous présente monsieur... / madame... / monsieur (pour un jeune homme) / mademoiselle...
Le presento el señor... / la señora... / el señorito... / la señorita...

Je vous remercie pour votre amabilité.
Le agradezco por su amabilidad.

Joyeux anniversaire ! *¡Cumpleaños feliz!*

Joyeux Noël ! *¡Feliz Navidad!*

Merci beaucoup. *Muchas gracias.*

Merci de m'avoir attendu(e). *Gracias por haberme esperado.*

Merci. *Gracias.*

Pardon pour vous avoir fait attendre.
Perdón por haberle(la) hecho esperar.

Pardon. *Perdón/Dispense usted.*

Passez une bonne journée ! *¡Qué tenga un buen día!*

Passez, je vous prie. *Pase, se lo ruego.*

Pouvez-vous me donner un renseignement s'il vous plaît ?
¿Puede darme una información por favor?

Prenez bien soin de vous ! *¡Cuídese mucho!*

Puis-je vous demander quelque chose ? *¿Puedo pedirle algo?*

Qu'y a-t-il ? *¿Qué pasa?*

Sois heureux(se) ! *¡Qué seas feliz!*

Soyez heureux(se) ! [à deux personnes tutoyées]
¡Qué seáis felices!

Soyez heureux(se) ! [à deux personnes vouvoyées]
¡Qué sean felices!

Soyez heureux(se) ! [à une personne vouvoyée]
¡Qué sea feliz!

Soyez prudent ! *¡Sé prudente!*

ÊTRE D'ACCORD ET S'OPPOSER / *ESTAR DE ACUERDO Y OPONERSE*

C'est ça. *Eso es.*

Ça ne me plaît pas. *No me gusta esto.*

J'ai compris. *He entendido/comprendido.*

Je déteste ça. *Odio esto.*

Je n'y vais pas. *No voy allí.*

Je ne comprends pas ce que vous me dites.
No entiendo lo que me dice.

Je ne partage pas votre point de vue.
No comparto su punto de vista.

Je ne pense pas comme ça. *No pienso así.*

Je ne peux pas. *No puedo.*

Je ne sais pas. *No sé.*

Je ne suis pas d'accord. *No estoy así.*

Je vais le faire. *Voy a hacerlo.*

Je vois. *Ya veo.*

Non merci. *No gracias.*

Non, ce n'est pas ça. *No, no es esto.*

Oui s'il vous plaît. *Sí por favor.*

Oui, c'est ça. *Sí es esto.*

Vous avez tort. *No está usted en lo cierto.*

Vous vous trompez. *Usted se equivoca.*

REFORMULER / *REFORMULAR*

J'entends mal. *Oigo mal.*

Je ne comprends pas, pouvez-vous répéter s'il vous plaît ?
No entiendo ¿puede repetir por favor ?

Pardon ? *¿Perdón?*

Parlez plus lentement s'il vous plaît.
Hable más despacio por favor.

Peux-tu écrire ce que tu viens de dire ?
¿Puedes escribir lo que acabas de decir?

Pouvez-vous écrire ce que vous avez dit ?
¿Puede escribir lo que ha dicho?

Qu'as-tu dit ? *¿Qué has dicho?*

Qu'avez-vous dit ? *¿Qué ha dicho usted?*

Tu peux parler plus lentement s'il te plaît ?
¿Puedes hablar más despacio por favor?

Tu peux répéter s'il te plaît ?
¿Puedes repetir por favor?

Vraiment/sérieusement ? *¿En serio?*

DEMANDER L'AUTORISATION, DEMANDER QUELQUE CHOSE / *PEDIR PERMISO, PEDIR ALGO*

À quelle heure cela ferme-t-il ? *¿A qué hora cierra?*

À quelle heure cela ouvre-t-il ? *¿A qué hora abre?*

À quoi ça sert ? *¿De qué sirve esto?*

Apportez-moi le journal s'il vous plaît.
Traígame el periódico por favor.

Avez-vous des journaux en français / anglais ?
¿Tiene periódicos en francés / inglés?

Avez-vous des magazines internationaux ?
¿Tiene revistas internacionales?

Avez-vous un stylo s'il vous plaît ?
¿Tiene un bolígrafo por favor?

Bien sûr que vous pouvez fumer. *Claro que puede fumar.*

Dois-je sortir pour fumer ? *¿Tengo que salir para fumar?*

Écrivez/écris ici s'il vous/te plaît. *Escriba/escribe aquí por favor.*

Je voudrais ça (proche du locuteur) / ça (là : un peu plus éloigné du locuteur) / ça (là-bas : très éloigné du locuteur).
Quisiera / esto (aquí/acá) / eso (ahí) / aquello (allí/allá).

Je voudrais aller à... *Quisiera ir a...*

Je voudrais envoyer cette carte postale en France.
Quisiera mandar esta postal a Francia.

Je voudrais quelque chose à boire. *Quisiera algo de beber.*

Je voudrais une autre assiette s'il vous plaît.
Quisiera otro plato por favor.

On ne peut pas fumer : c'est interdit.
No se puede fumar: está prohibido.

Où sommes-nous ? *¿Dónde estamos?*

Où sont les toilettes ? *¿Dónde están los servicios?*

Peut-on fumer ici ? *¿Se puede fumar aquí?*

Peut-on payer par carte de crédit / en liquide / en chèque ?
¿Se puede pagar con tarjeta de crédito / en metálico / con cheque?

Pourquoi est-ce fermé ? *¿Por qué está cerrado?*

Pourquoi y a-t-il autant de monde ? *¿Por qué hay tanta gente?*

Pourquoi y a-t-il cette file d'attente ? *¿Por qué hay esta cola?*

Pouvez-vous baisser/monter la température ?
¿Puede bajar/subir la temperatura?

Pouvez-vous emballer ces articles séparément ?
¿Puede envasar los artículos separadamente?

Pouvez-vous m'indiquer le chemin de... ?
¿Puede indicarme el camino de...?

Pouvez-vous me donner un renseignement ?
¿Puede proporcionarme/facilitarme una información?

Pouvez-vous me montrer un article en vitrine ?
¿Puede enseñarme un artículo en el escaparate?

Pouvez-vous me prendre en photo ? *¿Puede sacarme una foto?*

Pouvez-vous me prêter ceci ? *¿Puede prestarme esto?*

Puis-je m'asseoir ici ? *¿Puedo sentarme aquí?*

Puis-je ouvrir la fenêtre (dans un moyen de transport type train) / la vitre (dans la voiture) / la fenêtre (dans une maison) / la porte ?
¿Puedo abrir la ventanilla / el elevalunas / la ventana / la puerta?

Puis-je prendre ceci ? *¿Puedo tomar esto?*

Puis-je prendre une photo avec vous ?
¿Puedo sacar una foto con usted?

Puis-je utiliser le téléphone de l'établissement ?
¿Puedo utilizar el teléfono del establecimiento?

Puis-je vous/te demander un service ?
¿Puedo pedirle/pedirte un favor?

Avez-vous... ? *¿Tiene...?*

Qu'est ce que c'est ? – Je ne sais pas.
¿Qué es esto? – No sé.

Qu'est-ce que cela veut dire ? *¿Qué significa esto?*

Que doit-on composer pour appeler en France ?
¿Qué indicativo se marca para llamar a Francia?

Quel âge avez-vous/as-tu ? *¿Qué edad tiene/tienes?*

– Quelle heure est-il ?
– Il est une heure. / Il est deux heures.
– *¿Qué hora es?*[3]
– *Es la una. / Son las dos.*

---

3. Voir le paragraphe sur l'heure p. 36.

Qui est-ce ? *¿Quién es?*

Vendez-vous des souvenirs ici ? *¿Vende recuerdos aquí?*

Y a-t-il un espace fumeurs ici ?
¿Hay un sitio reservado para fumadores aquí?

« Je vous dis “tu” ? » : tutoiement et vouvoiement en Espagne

Pays latin oblige, l'Espagne se débarrasse volontiers des réflexes corsetés de la France en ce qui concerne le vouvoiement. Ainsi, ne soyez pas surpris si vous avez l'impression que beaucoup de personnes vous tutoient alors qu'elles ne le feraient pas en France avec un inconnu : c'est parfaitement normal et c'est même une spécificité de ce pays, à l'inverse du pays de Voltaire. Ne vous en sentez pas offusqué pour autant : c'est davantage une marque d'affection, pour ne pas dire d'intégration, que du mépris envers le jeunisme.
Si vous êtes un peu plus âgé, on pourra être amené à vous vouvoyer, et c'est là que les difficultés commencent... Une des particularités de l'espagnol réside dans l'aspect archaïsant de sa syntaxe, et de son vouvoiement en particulier. Pour faire simple, lorsque l'on vouvoie une personne, on emploie le pronom *usted*, qui vient lui-même de l'ancien espagnol *Vuestra Merced* signifiant « Votre Grâce ». Si les personnes vouvoyées se trouvent être deux ou plus, on dira *ustedes.*
L'autre particularité de ce système tient à la forme verbale employée, qui sera soit la troisième personne du singulier pour *usted,* soit la troisième du pluriel pour *ustedes.* C'est en fait comme si on disait « Votre Grâce a-t-elle perdu sa montre ? » *¿Usted ha perdido su reloj de pulsera?* ou « Vos Grâces ont-elles perdu leurs montres ? » *¿Ustedes han perdido sus relojes de pulsera?*
Dernier point enfin, si vous vouvoyez un groupe de personnes que vous tutoyez individuellement, ce ne sera plus *ustedes* qu'il faudra employer mais *vosotros,* ou *vosotras* s'il s'agit d'un groupe féminin, l'espagnol exerçant la discrimination générique sur ce pronom.
Ouf, c'est un peu compliqué, mais si ça peut vous rassurer, l'usage latino-américain est encore plus complexe, alors...

3. VOCABULAIRE PRATIQUE

LES CHIFFRES / *LAS CIFRAS*

0	*Cero*	10	*Diez*	20	*Veinte*
1	*Uno*	11	*Once*	21	*Veintiuno*
2	*Dos*	12	*Doce*	22	*Veintidós*
3	*Tres*	13	*Trece*	23	*Veintitrés*
4	*Cuatro*	14	*Catorce*	24	*Veinticuatro*
5	*Cinco*	15	*Quince*	25	*Veinticinco*
6	*Seis*	16	*Dieciséis*	26	*Veintiséis*
7	*Siete*	17	*Diecisiete*	27	*Veintisiete*
8	*Ocho*	18	*Dieciocho*	28	*Veintiocho*
9	*Nueve*	19	*Diecinueve*	29	*Veintinueve*

30	*Treinta*
31	*Treinta y uno*
40	*Cuarenta*
50	*Cincuenta*
60	*Sesenta*
70	*Setenta*
80	*Ochenta*
90	*Noventa*
100	*Cien / Ciento*
101	*Ciento uno*
200	*Doscientos(as)*
300	*Trescientos(as)*
400	*Cuatrocientos(as)*
500	*Quinientos(as)*
600	*Seiscientos(as)*

700	*Setecientos(as)*
800	*Ochocientos(as)*
900	*Novecientos(as)*
1 000	*Mil*
10 000	*Diez mil*
100 000	*Cien mil*
1 000 000	*Un millón*
10 000 000	*Diez millones*
100 000 000	*Cien millones*
1 000 000 000	*Mil millones*

LA DATE / *LA FECHA*

LES JOURS DE LA SEMAINE / *LOS DÍAS DE LA SEMANA*

Lundi	*Lunes*	**lou**nésse
Mardi	*Martes*	**mal**tésse
Mercredi	*Miércoles*	**miél**colésse
Jeudi	*Jueves*	**roué**bésse
Vendredi	*Viernes*	**biél**nésse
Samedi	*Sábado*	**sa**bado
Dimanche	*Domingo*	do**minn**go

LES MOIS / *LOS MESES*

Janvier	*Enero*	é**né**lo
Février	*Febrero*	fé**blé**lo
Mars	*Marzo*	**mal**sso
Avril	*Abril*	ab**lil**
Mai	*Mayo*	**ma**ïo

Juin	*Junio*	**rou**nio
Juillet	*Julio*	**rou**lio
Août	*Agosto*	a**go**sto
Septembre	*Septiembre*	sép**tiémm**blé
Octobre	*Octubre*	oct**ou**blé
Novembre	*Noviembre*	no**biémm**blé
Décembre	*Diciembre*	di**ciémm**blé

LA PAROLE / *LA PALABRA*

Avertir	*Advertir*	adbél**til**
Affirmer	*Afirmar*	afil**mal**
Se taire	*Callarse*	cai**lla**lsé
Considérer	*Considerar*	connsidé**lal**
Déclarer	*Declarar*	décla**lal**
L'avis	*El aviso, el parecer*	el a**bi**sso, el palé**cél**
Le discours	*El discurso*	el dis**cou**lso
Le cri	*El grito*	el **gli**to
La langue	*El habla, el idioma, la lengua*	el **ha**bla, el i**dio**ma, la **lénn**goua
Le langage	*El lenguaje*	el lén**goua**ré
Le problème	*El problema*	el plo**ble**ma
Ecouter	*Escuchar*	escout**chal**
Parler	*Hablar*	ab**lal**
L'avertissement	*La advertencia*	la adbél**tén**cia
La conversation	*La conversación*	la connbélsa**cione**
La déclaration	*La declaración*	la déclala**cione**
L'expression	*La expresión*	la esplé**ssione**

L'appel téléphonique	*La llamada telefónica*	la lia**ma**da télé**fo**nica
La médisance	*La murmuración, la maledicencia*	la mulmula**cione**, la malédi**cé**nncia
L'opinion	*La opinión*	la opi**nione**
Maudire	*Maldecir*	maldé**cil**
Sembler, avoir l'air	*Parecer*	palé**cél**
Prononcer	*Pronunciar*	plonoun**cial**
Prier (quelqu'un de...)	*Rogar*	ro**gal**
Supplier	*Suplicar*	soupli**cal**
Hésiter	*Vacilar*	baci**lal**

LES ADJECTIFS NUMÉRAUX ORDINAUX / *LOS ADJETIVOS NUMERALES ORDINALES*[1]

Premier(ère)	***Primero(a)***	pli**mé**lo(a)
Deuxième	*Segundo(a)*	sé**gou**ndo(a)
Troisième	***Tercero(a)***	tél**cé**lo(a)
Quatrième	*Cuarto(a)*	cou**al**to(a)
Cinquième	*Quinto(a)*	**quinn**to(a)
Sixième	*Sexto(a)*	**sés**to(a)
Septième	*Séptimo(a)*	**sép**timo
Neuvième	*Noveno(a)*	no**bé**no(a)
Dixième	*Décimo(a)*	**dé**cimo
Dernier(ère)	***Postrero(a)***	post**lé**lo(a)

1. Attention : les numéraux indiqués en caractère gras sur le tableau s'apocopent devant un nom masculin singulier. Voir le paragraphe sur l'heure p. 35. Exemple : *el primer autobus* et non *el primero.* Par ailleurs, l'espagnol tend à utiliser essentiellement les dix premiers numéraux et à passer aux adjectifs numéraux cardinaux. Ainsi, au lieu de dire « la onzième page », il privilégiera « la page onze », *la pagina once.*

LES SENTIMENTS, LES SENS ET LE CORPS / *LOS SENTIMIENTOS, LOS SENTIDOS Y EL CUERPO*

Amer	*Amargo*	am**al**go
Audacieux(se)	*Audaz*	aoud**ace**
Aveugle	*Ciego(a)*	ci**é**go(a)
Avoir des courbatures	*Tener agujetas*	tén**él** agour**é**tas
Avoir sommeil	*Tener sueño*	tén**él** sou**é**gno
Bafouiller	*Farfullar*	falfouill**al**
Bégayer	*Tartamudear*	taltamoud**éal**
Clair(e)	*Claro(a)*	cl**a**lo(a)
Confiant(e)	*Confiado(a)*	conn**fia**do(a)
Consciencieux	*Concienzudo(a)*	connciénn**su**do(a)
Contempler	*Contemplar*	contémpl**al**
Content(e)	*Contento(a)*	con**té**nto(a)
Craintif(ve)	*Temeroso(a)*	témé**lo**so(a)
Désagréable	*Desagradable*	déssagla**da**blé
Distinguer	*Divisar, distinguir*	dibisal, distin**guil**
Doux (goût)	*Suave*	sou**a**bé
Doux (toucher)	*Dulce*	**dou**lcé
Écouter	*Escuchar*	escou**chal**
Éloquent(e)	*Elocuente*	elocou**én**té
Énergique	*Enérgico(a)*	en**é**lrico(a)
Entendre	*Oír*	o**ïl**
Essayer, procurer	*Procurar*	procoul**al**
Être adroit(e)	*Ser diestro(a)*	dér **dié**stlo
Être assis(e)	*Estar sentado(a)*	est**al** sén**ta**do(a)
Être debout	*Estar de pie*	est**al** dé pié

Être épuisé(e)	*Estar agotado(a)*	estal agotado(a)
Être faible	*Ser débil*	sér débil
Être immobile	*Estar inmóvil*	estal inmobil
Être lent(e)	*Ser lento(a)*	sél lénnto
Être maladroit(e)	*Ser torpe*	sél tolpé
Être rapide	*Ser rápido(a)*	sél lapido(a)
Être rusé(e)	*Ser listo(a)*	sél listo(a)
Être souple	*Ser flexible*	sél flexible
Être vif(ve)	*Ser vivo(a)*	sél bibo(a)
Gai(e)	*Alegre*	aléglé
Glisser	*Resbalar*	lésbalal
Goûter	*Probar*	probal
Grossier(ière)	*Grosero(a)*	glosélo
Jouir de...	*Gozar de ...*	gossal
Jurer	*Jurar*	roulal
L'arôme	*El aroma*	el aloma
L'habileté	*La destreza*	la déstléssa
L'odeur	*El olor*	el olol
L'odorat	*El olfato*	el olfato
L'ouïe	*El oído*	el oïdo
La cécité	*La ceguera*	la céguéla
La fatigue	*El cansancio*	el cannsannssio
La force	*La fuerza*	la fouélsa
La main droite	*La mano diestra*	la mano diéstla
La main gauche	*La mano izquierda*	la mano isquiélda
La maladresse	*La torpeza*	la tolpéssa
La mutité	*La mudez*	la moudés
La résistance	*La resistencia*	la lésisténcia

La surdité	*La sordera*	la sol**dé**la
La voix	*La voz*	la bosse
La vue	*La vista*	la **bi**sta
Le bâillement	*El bostezo*	el bos**té**sso
Le geste	*El ademán*	el adem**ane**
Le goût, la saveur gustative	*El gusto*	el **gou**sto
Le handicap	*La minusvalía*	la minousba**lilla**
Le handicapé	*El minusválido*	el minous**ba**lido
Le parfum	*El perfume*	el pél**fou**mé
Le regard	*La mirada*	la mi**la**da
Le repos	*El descanso*	el dés**can**sso
Le son	*El sonido*	el so**ni**do
Le toucher	*El tacto*	el **ta**cto
Marcher	*Andar*	ann**dal**
Muet(te)	*Mudo(a)*	**mou**do(a)
Outrager	*Ultrajar*	oultlar**al**
Perdre l'équilibre	*Perder el equilibrio*	pél**dél** él equili**bl**io
Pleurer	*Llorar*	lio**lal**
Prévenir	*Advertir*	adbél**til**
Regarder	*Mirar*	mi**lal**
Résister	*Aguantar*	agouant**al**
Ressembler à	*Parecerse a*	palé**cél**sé a
Rire	*Reír*	lé**ïl**
S'accroupir	*Ponerse en/de cuclillas*	po**nél**sé én coucl**il**lasse
S'agenouiller	*Arrodillarse*	allodili**al**sé
S'asseoir	*Sentarse*	sén**tal**sé

S'attrister	*Entristecerse*	éntlisté**cél**sé
S'inquiéter de	*Preocuparse por*	pléocou**pal**sé por
Salé(e)	*Salado(a)*	sal**a**do
Sangloter	*Sollozar*	solio**sal**
Sauter	*Saltar*	sal**tal**
Scrupuleux(se)	*Escrupuloso(a)*	escloupoul**o**sso
Se lever	*Levantarse*	lébann**tal**sé
Se mettre debout	*Ponerse de pie*	po**nél**sé dé pié
Se moquer	*Burlarse*	boul**a**lssé
Se plaindre	*Lamentarse*	laménn**tal**sé
Se redresser	*Erguirse*	el**gui**rsé
Sentir	*Oler*	o**lél**
Sentir, regretter	*Sentir*	sén**til**
Silencieux(se)	*Callado(a)*	cali**a**do(a)
Sourd(e)	*Sordo(a)*	**sol**do(a)
Sucré(e)	*Azucarado(a)*	asoucal**a**do(a)
Timide	*Tímido(a)*	**ti**mido(a)
Tomber	*Caer*	ca**él**
Trébucher	*Tropezar*	tlope**ssal**
Trembler	*Temblar*	témb**lal**
Triste	*Triste*	**tlis**té
Un rire	*Una risa*	ouna **li**sa
Un sanglot	*Un sollozo*	oun soli**o**sso
Un sourire	*Una sonrisa*	ouna sonn**li**ssa
Une larme	*Una lágrima*	una **la**glima
Voir	*Ver*	bér

L'HEURE / *LA HORA*

L'expression de l'heure en espagnol n'est pas très difficile pour peu que l'on s'y penche un peu. Les principes sont les suivants :

1. Le verbe servant à **exprimer l'heure** est le verbe ***ser.*** Il doit être utilisé au singulier quand il est « une heure », mais à partir de « deux heures » et pour toutes les autres heures, il passe au pluriel.
Ainsi, on dira : ***es** la una* pour « il est une heure », mais ***son** las dos* pour il est deux heures.

2. On n'exprime pas le mot *hora* lorsque l'on dit l'heure en espagnol. Ainsi, « il est trois heures » se dira *son las tres **Ø**.*

3. On intercale obligatoirement l'article ***la*** (pour *una*), ***las*** (pour les autres heures) **entre le verbe et le chiffre** exprimant l'heure.
Exemple :
*Son **las** cuatro.* Il est quatre heures.

4. Selon qu'il soit « cinq heures et quart » ou « cinq heures moins le quart », on utilisera respectivement ***y*** ou ***menos*** sans l'article pour ce dernier.
Exemples :
*Son las cinco **y** cuarto.* Il est cinq heures et quart.
*Son las cinco **menos** cuarto.* Il est cinq heures moins le quart.

5. Pour marquer **l'heure pile,** on dira ***en punto.***
Exemple :
*Son las seis **en punto.*** Il est six heures pile.

PARTIE II

VIE QUOTIDIENNE ET LOISIRS

1. LES TRANSPORTS / *LOS TRANSPORTES*

Se déplacer en Espagne est de nos jours facilité à la fois par le réseau de transports qui s'est nettement amélioré, même s'il est encore perfectible et qu'il continue à se développer. Outre la voiture, on peut emprunter le train, le bus et l'avion. De plus, si vous êtes ressortissant européen, les contrôles à la frontière sont désormais inexistants du fait de l'intégration dans l'espace Schengen, même si notre voisin ibérique a longtemps fait de la résistance au niveau de *La Jonquera* notamment.

DANS LE TRAIN / *EN EL TREN*

À quelle heure arrivons-nous à la ville de... ?
¿A qué hora llegamos a la ciudad de...?

Avez-vous des réductions pour les enfants / les étudiants / les adultes ?
¿Tiene descuento para los niños / los estudiantes / los mayores?

Combien coûte un billet pour Madrid ?
¿Cuánto vale un billete para Madrid?

Combien de trains y a-t-il par jour pour aller à Madrid ?
¿Cuántos trenes hay cada día para ir a Madrid?

Comment s'appelle cette gare ? *¿Cómo se llama esta estación?*

Est-ce que le train s'arrête à Barcelone ?
¿Se para el tren en Barcelona?

Faudra-t-il changer de train ? *¿Habrá que cambiar de tren?*

J'ai manqué mon train. *He perdido el tren.*

J'ai oublié de descendre. *Se me ha olvidado bajar.*

J'ai oublié quelque chose dans le train.
He olvidado algo en el tren.

J'ai perdu mon billet, que faire ?
He perdido mi billete ¿qué puedo hacer?

Je veux prendre le train express numéro...
Quiero coger el tren expreso número...

Je veux un siège non-fumeurs. *Quiero un asiento no fumadores.*

Je voudrais réserver quatre places pour Madrid.
Quisiera reservar cuatro asientos para Madrid.

Je voudrais un aller-retour pour Madrid.
Quisiera una ida y vuelta para Madrid.

Je voudrais un billet en première/seconde classe.
Quisiera un billete en primera/segunda clase.

Le train a un retard de cinq minutes.
El tren tiene un atraso de cinco minutos.

Le train part du quai numéro trois. *El tren sale en la vía tres.*

Mon train n'apparaît pas sur le tableau d'affichage.
No está indicado mi tren en el tablón de anuncios.

Ne traversez pas les voies. *No cruce las vías.*

Où est le chef de gare ? *¿Dónde está el jefe de estación?*

Où est le contrôleur ? *¿Dónde está el revisor/registrador?*

Où est le guichet ? *¿Dónde está la taquilla?*

Où puis-je mettre mes bagages ?
¿Dónde puedo colocar mi equipaje?

Où va le train sur le quai numéro deux ?
¿Adónde va el tren estacionado en la vía dos ?

Pardon, mais je crois que vous vous êtes trompé : c'est ma place.
Disculpe pero creo que se ha equivocado usted. Esto es mi sitio.

Pardon, mais je voudrais passer. Merci.
Disculpe pero quisiera pasar. Gracias.

Pouvez-vous annuler ce billet ?
¿Puede usted cancelar este billete?

Pouvez-vous me donner l'horaire du train ?
¿Puede darme el horario del tren?

Puis-je m'asseoir ici ? *¿Puedo sentarme aquí?*

Quel est le numéro de cette voiture ?
¿Cuál es el número de este coche?

Quel est le prochain arrêt ? *¿Cuál es la próxima parada?*

S'il vous plaît, pouvez-vous me dire où se trouve ma place ?
Dispense usted ¿puede decir dónde está mi asiento?

Suis-je dans le train qui va à Barcelone ?
¿Estoy en el tren que va a Barcelona?

Utilisez le passage souterrain. *Utilice el paso subterráneo.*

Vend-on à manger dans le train ? *¿Se vende comida en el tren?*

Y a-t-il un train plus tôt ou plus tard ?
¿Hay un tren más temprano o más tarde?

Y a-t-il une couchette dans ce train ? *Hay litera en este tren?*

La Red de Ferrocarriles Españoles (la RENFE)

Les voyages en train en Espagne sont plutôt agréables et n'ont rien à envier à notre SNCF française, bien au contraire : les trains y sont la plupart du temps à l'heure (eh oui !), les compartiments sont en général propres et les services à bord sont souvent de qualité : écouteurs et télévision (ah, oui, c'est en espagnol !), service de nourriture à bord, etc. Cette qualité s'explique par la mise en place depuis 2000 du PEIT *(Plan Estratégico de Infraestructuras y Transportes)*, un plan de refonte global du système de transports en Espagne qui a longtemps été dangereux. La conséquence de ce plan se retrouve donc en partie au niveau du réseau ferroviaire : 40 milliards d'euros ont été injectés pour moderniser l'ensemble du réseau et désenclaver l'Espagne du Centre, du Sud et de l'Est, et même la relier par la France *vía* TGV.

Le réseau se compose de plusieurs genres de train :
- *los trenes de cercanías* (trains de banlieue) ;
- *los trenes de alta velocidad* (AVE, reconnaissables à leur profil de TGV avec en plus un oiseau peint dessus, le terme *ave* désignant également l'animal) ;
- *los trenes Talgo* (trains reliant de grandes distances) ;
- *la red convencional* (réseau conventionnel).

Bien sûr, on trouve à l'abord des gares, en Espagne comme en France, une population qui n'est pas forcément armée des meilleures intentions, le conseil est donc sempiternel : ne jamais laisser ses bagages sans surveillance, ne pas accepter de bagages autres que les siens. Ces conseils de bon aloi mis à part, le train est un excellent moyen pour voyager en Espagne et rejoindre les grandes villes ou la banlieue proche de celles-ci.

DANS L'AVION / *EN EL AVIÓN*

À quelle heure décolle ce vol ? *¿A qué hora despega el vuelo?*

À quelle heure commence l'embarquement ?
¿A qué hora empieza el embarco?

À quelle heure commence l'enregistrement ?
¿A qué hora empieza el registro / la facturación?

À quelle heure est le prochain vol pour Malaga ?
¿A qué hora sale el próximo vuelo para Málaga?

Quel est le vol que vous désirez ?
¿Cuál es el vuelo que desea usted?

Quelle est la date de départ ? *¿Cuál es la fecha de salida?*

Quel est votre nom et le numéro de votre vol ?
¿Cuál es su apellido y el número del vuelo?

De combien doit-on s'acquitter pour un excédent de bagages ?
¿Cuánto se paga en caso de exceso de equipaje?

Combien vaut le billet ? *¿Cuánto vale el billete?*

Où sont les boutiques hors taxes s'il vous plaît ?
¿Dónde se encuentran las tiendas duty free por favor?

Où peut-on enregistrer les bagages s'il vous plaît ?
¿Dónde se puede registrar el equipaje por favor?

Est-il possible de prendre cela en cabine ?
¿Es posible llevar eso en la cabina?

Vous serait-il possible de me confirmer l'heure de départ ?
¿Le sería posible confirmarme la hora de salida?

Pouvez-vous m'inscrire sur liste d'attente s'il vous plaît ?
¿Me puede apuntar en una lista de espera por favor?

Pourriez-vous me réserver un hôtel à Malaga ?
¿Podría reservarme un hotel en Málaga?

Quel est le numéro de la porte d'embarquement ?
¿Qué número lleva la puerta de embarco?

Voulez-vous le vol du matin ou de l'après-midi ?
¿Quiere el vuelo de la mañana o de la tarde?

Partirons-nous à l'heure ? *¿Saldremos a la hora?*

Avez-vous votre carte d'embarquement ?
¿Tiene su tarjeta de embarco?

Cela commence une heure avant le départ.
Empieza una hora antes de la salida.

C'est une valise fragile. *Es una maleta frágil.*

Attendez un moment. *Espere un momento.*

Faites-moi la réservation s'il vous plaît.
Hágame la reserva por favor.

Il y a une grève. *Hay una huelga.*

Voici vos billets. *He aquí sus billetes.*

Je suis désolé mais je ne trouve pas de trace de votre réservation.
Lo siento pero no encuentro huella de su reserva.

Je regrette mais il semble que ce vol soit complet.
Lo siento pero parece que este vuelo está completo.

J'ai quatre valises et un sac à dos comme bagages.
Llevo cuatro maletas y una mochila como equipaje.

Je voudrais changer la réservation de mon vol s'il vous plaît.
Me gustaría cambiar la reserva de mi vuelo por favor.

Je voudrais confirmer mon vol. *Me gustaría confirmar mi vuelo.*

Je voudrais être devant / au milieu / derrière / près d'une issue de secours.
Me gustaría estar delante / en el centro / detrás / cerca de la salida de emergencia.

Mon nom est..., mon prénom est..., mon numéro de vol est... et sa destination est...
Mi apellido es..., mi nombre es..., mi número de vuelo es... y su destino es...

Vous n'êtes pas sur ma liste. *No aparece usted en mi lista.*

Je n'ai aucun bagage à enregistrer.
No tengo ningún equipaje que registrar.

Il reste des places sur ce vol. *Quedan sitios en este vuelo.*

Je voudrais un siège près du couloir / du hublot.
Quisiera un asiento cerca del pasillo / de la ventanilla.

Nous voudrions avoir nos sièges côte à côte.
Quisiéramos tener un sitio el uno al lado del otro.

Le vol à destination de Malaga est retardé.
Se atrasó el vuelo con destino a Málaga.

Je dois être à Malaga lundi matin au plus tard.
Tengo que estar en Málaga el lunes por la mañana a más tardar.

L'Espagne et ses aéroports

Malgré l'accident funeste qui a secoué Barajas le 20 août 2008, il faut souligner l'importance de cet aéroport, sa modernité et les différentes destinations qu'il dessert. Rappelons qu'il était le plus grand du monde en 2003 et que par sa spécificité géographique et linguistique, il vous permettra d'atteindre facilement l'Amérique latine. L'Espagne d'aujourd'hui compte près de 45 aéroports et se déplacer d'une ville à l'autre est désormais aisé et rapide.
Les formalités internationales sont semblables aux nôtres, les conseils sont donc les mêmes que dans n'importe quel aéroport de France... ou de Navarre ! Plutôt qu'une carte d'identité, privilégiez un passeport et attention, un permis de conduire ne suffit pas à justifier votre identité à l'étranger.

EN AUTOBUS / *EN AUTOBÚS*

Quel est le numéro du bus pour aller à... ?
¿Cuál es el número del bus para ir a...?

Combien d'arrêts y a-t-il jusque... ?
¿Cuántas paradas hay hasta...?

Combien d'arrêts y a-t-il pour aller à la station... ?
¿Cuántas paradas hay para ir a la estación...?

Combien coûte un ticket pour aller à la station... ?
¿Cuánto cuesta un ticket para ir a la estación...?

Combien de temps faut-il pour y aller à pied ?
¿Cuánto tiempo se tarda para ir allí andando?

Combien de temps met-il ? *¿Cuánto tiempo tarda?*

Combien coûte un billet pour aller à... ?
¿Cuánto vale un billete para ir a... ?

Où se trouve l'arrêt pour aller à... ?
¿Dónde esta la parada para ir a... ?

Où faut-il descendre pour changer de ligne ?
¿Dónde se baja para cambiar de línea?

Où descendre pour aller à... ? *¿Dónde se baja para ir a...?*

Ou faut-il changer pour aller à... ?
¿Dónde se cambia para ir a...?

Où achète-t-on les billets ? *¿Dónde se compran los billetes?*

Où se trouve la station de métro la plus proche ?
¿Dónde se encuentra la estación de metro más cercana?

Où se trouve la sortie pour aller à... ?
¿Dónde se encuentra la salida para ir a...?

Où peut-on acheter un ticket de métro ?
¿Dónde se puede comprar un ticket de metro?

La prochaine station est-elle... ? *¿Es la próxima estación...?*

Faut-il changer de ligne ? *¿Es necesario cambiar de línea?*

Ce bus va-t-il jusque... ? *¿Este autobús va hasta...?*

Y a-t-il un autobus pour aller dans le quartier de... ?
¿Hay un autobús para ir al barrio de...?

Pouvez-vous me prévenir quand nous arrivons ?
¿Puede avisarme cuando llegamos?

Pouvez-vous me donner un plan des lignes de bus s'il vous plaît ?
¿Puede darme un mapa de las líneas de buses por favor?

Pouvez-vous me montrer les horaires s'il vous plaît ?
¿Puede enseñarme los horarios por favor?

Quelle ligne faut-il prendre pour aller jusque... ?
¿Qué línea se ha de coger para ir a...?

Ce train s'arrête-t-il à... ? *¿Se para este tren en...?*

Avez-vous un plan du métro ? *¿Tiene un mapa del metro?*

Excusez-moi mais je descends. *Discúlpeme pero bajo.*

DANS LE MÉTRO / *EN EL METRO*

Je voudrais descendre à l'arrêt... *Quisiera bajar en la parada...*

Je voudrais un carnet de tickets s'il vous plaît.
Quisiera un taco de billetes por favor.

Un carnet s'il vous plaît. *Un taco de tickets por favor.*

Facile !

Modernité oblige, voyager dans le métro espagnol n'a jamais été aussi facile. Les villes dotées d'un réseau que sont Barcelone, Bilbao, Madrid, Palma, Séville, Valence, Malaga, Grenade ou Alicante offrent pour la majorité de leurs lignes un affichage électronique parfois doublé d'une annonce en espagnol, et dans la langue coofficielle pour les autonomies historiques. Par ailleurs, si le contact avec un vendeur de tickets vous rebute, vous avez désormais souvent accès à des machines multilingues vous permettant d'acheter des tickets et même de payer avec votre carte bleue. Quant aux portiques, ils sont de plus en plus modernisés, rendant la fraude plus ardue. Avis aux resquilleurs...

EN TAXI / *EN TAXI*

Combien cela coûte-t-il pour aller à... ?
¿Cuánto cuesta para ir a...?

Combien de temps faut-il ? *¿Cuánto tiempo se tarda?*

Où se trouve la station de taxi ?
¿Dónde se encuentra la estación de taxi?

Où peut-on prendre un taxi ? *¿Dónde se puede coger un taxi?*

Pouvez-vous m'aider à porter mes bagages ?
¿Puede ayudarme a llevar el equipaje?

Pouvez-vous m'attendre un moment ici s'il vous plaît ?
¿Puede esperarme un momento aquí por favor?

Dépêchez-vous, je suis pressé. *Apresúrese, tengo prisa.*

Tournez à droite / à gauche. *Gire a la derecha / a la izquierda.*

Merci, vous pouvez garder la monnaie.
Gracias, puede guardar el cambio.

Nous sommes arrivés. *Hemos llegado.*

La somme que vous demandez n'est pas celle inscrite au compteur.
La suma que me pide no es lo que indica el contador.

Appelez-moi un taxi s'il vous plaît. *Llámeme un taxi por favor.*

Arrêtez-vous ici s'il vous plaît. *Párese aquí por favor.*

Pourriez-vous me récupérer ici à ... heures ?
Podría recogerme aquí a las...

Pouvez-vous aller moins vite s'il vous plaît ?
¿Puede ir menos rápido por favor?

Je voudrais aller à... *Quisiera ir a...*

Continuez tout droit. *Siga recto.*

Hep, taxi !

Europe oblige, l'Espagne n'est plus ce pays de cocagne où le niveau de vie était dérisoire. Bien qu'il y ait encore une petite différence notamment concernant les produits de consommation, un certain « lissage » s'est mis en place depuis l'entrée dans l'Europe. Le constat est sans appel : le taxi espagnol est relativement cher, quasiment au niveau de la France. Ne privilégiez donc ce moyen de transport que pour les courtes distances un soir lorsqu'il n'y a plus de bus et que vous n'êtes pas en état de rentrer à pied, ou si les transports en commun vous horripilent.

EN BATEAU / *EN BARCO*

À quelle heure commence l'embarquement ?
¿A qué hora empieza el embarco?

À quelle heure est le prochain départ ?
¿A qué hora es la próxima salida?

Combien de temps dure la croisière ?
¿Cuánto tiempo dura el crucero?

Combien de croisières y a-t-il par jour ?
¿Cuántos cruceros hay al día ?

Où se trouve l'embarcadère ? *¿Dónde está el embarcadero?*

Où se trouve ma cabine ? *¿Dónde está mi cabina?*

Où achète-t-on les billets ? *¿Dónde se compran los billetes ?*

Est-il nécessaire de réserver ? *¿Es necesario reservar?*

Y a-t-il des bateaux de tourisme ? *¿Existen barcos de turismo?*

Pourriez-vous appeler un médecin ? *¿Podría llamar un médico?*

Le repas est-il compris dans la croisière ?
¿Se incluye la comida en el precio del crucero?

J'ai le mal de mer : pourriez-vous me donner un médicament ?
Estoy mareado(a)[1]*: ¿podría darme algún medicamento?*

Ne pas se laisser mener en bateau

Pays maritime avec près de 5 000 kilomètres de côtes, on ne saurait faire l'économie d'un petit voyage en bateau en Espagne. Plusieurs solutions s'offrent alors à vous : pour le tourisme de plaisance, nombreux sont les armateurs proposant une vue de la ville depuis l'extérieur, comme à Peñíscola par exemple. Cette ville de la province de Castellón abritant la citadelle du Pape Lune s'avançant dans la mer offre également le spectacle, le soir sur la jetée, de la course à laquelle se livrent les bateaux de pêche afin d'aller vendre leurs produits à la criée. Dépaysement assuré malgré la bétonisation de cette zone maritime.
Pour les férus des sports nautiques, ne manquez pas le départ de l'America's Cup à Valence.
Pour les romantiques, une petite balade sur le cours d'eau du parc María Luisa à Séville est un véritable enchantement, bien que de courte durée, mais plus à la portée des marins d'eau douce en goguette voulant séduire leurs belles. Une excursion sur le Guadalquivir pourra aussi vous faire rêver plus longuement...
Enfin, pour ceux voulant connaître les enclaves que sont Ceuta et Melilla, le bateau est de mise. Il en existe deux : le *fast ferry*, rapide comme son nom l'indique, et, disons les choses, beaucoup plus propre que le ferry traditionnel plus lent, appelant une population plus désargentée mais aussi plus familiale et donc plus authentique. À vous de voir en fonction de vos moyens et de vos aspirations.

---

1. Ce participe présent s'accorde, comme tous les participes espagnols, en genre et en nombre, *mareado* s'appliquera donc à un homme, *mareada* à une femme, *mareados* à plusieurs hommes ou dans le même cas d'indiscrimination générique français, *mareadas* à plusieurs femmes.

EN VOITURE / *EN COCHE*

Comment s'utilise la pompe ? *¿Cómo se usa el surtidor?*

Quelle est la direction pour prendre la route... ?
¿Cuál es la dirección para coger la carretera...?

Quel est le tarif journalier / hebdomadaire ?
¿Cuál es la tarifa diaria / por semana?

Combien cela coûte-t-il si je ne ramène pas la voiture ici ?
¿Cuánto vale si no dejo el coche aquí?

Où puis-je garer ma voiture ? *¿Dónde puedo aparcar mi coche?*

Où puis-je faire le plein ? *¿Dónde puedo hacer el lleno?*

Où peut-on louer une voiture ?
¿Dónde se puede alquilar un coche?

Le kilométrage est-il illimité ? *¿Es ilimitado el kilometraje?*

L'assurance est-elle comprise ? *¿Está incluido el seguro?*

Jusqu'à quelle heure puis-je garder la voiture ?
¿Hasta qué hora puedo guardar el coche?

Faut-il rendre la voiture avec le plein ?
¿Hay que devolver el coche con el lleno?

Pourriez-vous vérifier la batterie / les freins / les essuie-glaces / la vitre électrique / le clignotant / les codes / les phares / les pneus ?
¿Podría averiguar la batería / los frenos / los limpiaparabrisas / el elevalunas / el intermitente / las luces de cruce / las luces de carretera/largas / los neumáticos?

Pouvez-vous me donner les coordonnées de la personne à contacter en cas d'accident ?
¿Puede darme la dirección de la persona que contactar en caso de accidente?

Pouvez-vous m'indiquer où nous nous trouvons sur cette carte ?
¿Puede indicarme dónde nos encontramos en este mapa?

Puis-je rendre la voiture dans une autre ville ?
¿Puedo devolver el coche en otra ciudad?

Quel genre de carburant dois-je mettre : essence ou diesel ?
¿Qué tipo de carburante debo poner: gasolina o diésel?

Quel type de voiture avez-vous ?
¿Qué tipo de coche tiene usted?

La voiture est en panne. *El coche está averiado.*

L'embrayage ne fonctionne pas bien.
El embrague no funciona correctamente.

Le plein s'il vous plaît. *El lleno por favor.*

J'ai réservé une voiture au nom de...
He reservado un coche a nombre de...

Appelez la police : il y a eu un accident.
Llame la policía: ha habido un accidente.

Appelez une ambulance. *Llame una ambulancia.*

Je voudrais louer une voiture pour quatre jours.
Quisiera alquilar un coche por cuatro días.

Je voudrais louer une voiture. *Quisiera alquilar un coche.*

Je voudrais rendre la voiture dans la ville de...
Quisiera devolver el coche en la ciudad de...

Je voudrais une voiture automatique / une voiture routière / une voiture sportive.
Quisiera un coche automático / un automóvil para carretera / un coche deportivo.

Mon pneu a crevé. *Se me ha reventado el neumático.*

Conseils utiles pour conduire et donc bien se conduire en Espagne

Que vous louiez une voiture ou que vous preniez votre propre véhicule, il y a quelques règles d'or à respecter en Espagne.

D'abord **les limitations de vitesse** : 120 km sur les autoroutes *(autopistas)* et les quatre-voies *(autovías)*, 90 sur les nationales *(carreteras nacionales)* et 50 en ville. Vous prendre pour Fangio en Espagne, outre le fait d'être mal vu et de ses dangers, pourrait vous coûter cher, d'autant qu'à l'instar de la France, des radars, en général blancs, sont disposés le long de la route pour flasher les conducteurs indélicats. Par ailleurs et même si vous adorez la sangria, conduire avec un taux de 1,2 gramme d'alcool dans le sang est un délit pouvant aller jusqu'à 1 000 euros d'amende...

Ensuite, **la plus grande vigilance est de mise** : certains faux policiers opèrent par exemple près de Madrid et, sous prétexte de chercher de la drogue, n'hésitent pas à emporter vos effets personnels et de valeur. Voyagez donc léger et méfiez-vous de ceux voulant stopper votre véhicule. Un autre cas : le gang des Péruviens qui, sur l'autoroute, vous font arrêter votre voiture pour vous signaler une crevaison et en profitent pour vous délester et prendre la fuite. Sans sombrer dans la paranoïa, les aires d'autoroutes, notamment près de la frontière française, ne sont pas les endroits les plus sûrs : ayez toujours votre véhicule sous les yeux, mieux, laissez-y toujours une personne à l'intérieur, sauf l'été sous un soleil de plomb.
Si malgré tous ces avertissements vous veniez à être volé, remplissez un formulaire auprès de la police et prenez contact avec le consulat de France.

Il n'est pas rare que vos voleurs se délestent de ce qu'ils vous ont pris une aire d'autoroute plus loin, même si le mal est fait quant à la liquidité, on peut parfois retrouver des effets personnels voire sentimentaux, ce qui n'est pas négligeable.

En cas d'accident, le port du gilet fluorescent est obligatoire si vous quittez votre véhicule pour vous aventurer prudemment le long de la route. Le non-respect de cette norme peut vous en coûter 90 euros. Ce gilet ne doit pas être conservé dans le coffre, mais dans l'habitacle de la voiture. Par ailleurs, deux triangles de signalisation sont également obligatoires et à disposer à 50 mètres à l'avant et à l'arrière du véhicule. Bien que grâce au PEIT *(Plan Estratégico de Infraestructuras y Transportes)*, les routes sont nettement plus sûres qu'avant les années 2000, certains points noirs demeurent : nombre important de poids lourds, voies d'insertion extrêmement courtes par rapport à la France...

Enfin, une nouvelle législation a rendu le code de la route plus coercitif :
- les amendes sont élevées et doivent être réglées sur place et en espèces ;
- dans les grandes villes, et à Barcelone en particulier, la fourrière est prompte à vous emporter la voiture. Outre la difficulté de s'exprimer pour trouver la fourrière (*el depósito* en espagnol), il faudra s'acquitter d'une amende importante sans parler des complexités administratives entre l'endroit de paiement, en général la mairie ou une annexe, et l'endroit où le véhicule a été entreposé.

Malgré toutes ces mises en gardes, circuler en Espagne est souvent très agréable pour peu que l'on se plie aux règles du pays et que l'on soit vigilant... comme partout.

Il existe désormais des bornes de recharge souvent gratuites en Espagne ainsi que sur les îles Baléares Ibiza, Majorque et Minorque. Des sites internet dédiés peuvent vous aider à trouver les endroits ainsi que les modalités pour recharger votre voiture.

UN PEU DE VOCABULAIRE INDISPENSABLE

LA VOITURE / *EL COCHE*

Le levier	*La palanca*	la palannca
Le levier de vitesses	*La palanca de cambios*	la palannca dé cambiosse
La portière	*La portezuela*	la polétésouela
La roue de secours	*La rueda de socorro*	la louéda dé socollo
Les bougies	*Las bujías*	lasse bourillasse
Les feux de croisement	*Las luces de cruce*	las loucés de croucé
Les phares	*Las luces largas/ de carretera*	las loucés lalgasse/ dé callétéla
Les feux de recul	*Las luces traseras*	las loucés trassélasse
Les amortisseurs	*Los amortiguadores*	losse amoltigouadolés
Les pneus	*Los neumáticos*	losse néoumaaticosse
Une voiture à louer	*Un coche de alquiler*	oun cotché dé alquilèle
Le camion	*El camión*	él camione
La boîte à gants	*La guantera*	la guantéla
Le gasoil	*El diésel*	él diéssel
La carrosserie	*La carrocería*	la calocélilla
Attacher sa ceinture de sécurité	*Abrocharse el cinturón de seguridad*	ablochalsé él cintoulone dé ségoulidade
Le véhicule	*El vehículo*	él véhicoulo
La voiture électrique	*El coche eléctrico*	él cotché éléctrico
La borne de recharge électrique	*El punto de recarga para coche eléctrico*	él pounto dé recarga para cotché éléctrico
La boîte de vitesses	*La caja de cambios*	la cara dé cambiosse
La pédale de l'accélérateur	*El pedal del acelerador*	él pédal dél acéléladol

Démarrer	*Arrancar*	alancal
La marche arrière	*La marcha atrás*	él motol
L'essence	*La gasolina*	la gassolina
L'enjoliveur	*El embellecedor*	él émbéliécédol
Le radiateur	*El radiador*	él ladiadol
La prise (de recharge)	*El enchufe*	él entchoufé
Le moteur	*El motor*	él motol
La panne	*La avería*	la abélilla
L'ampoule	*La bombilla*	la bombilla
La vitre arrière	*El cristal trasero*	él clistal tlasélo
La voiture	*El automóvil*	él aoutomoobil
Le pot d'échappement	*El tubo de escape*	él toubo dé escape
Le frein	*El freno*	él fléno
Le cric	*El gato*	él gato
Le compteur	*El cuentakilómetros*	él cuénntakiloométlosse
L'appuie-tête	*El reposacabezas*	él répossacabéssas
Le coffre	*El maletero*	él malétélo
Le tableau de bord	*El tablero de mandos*	él tablélo dé manndosse
Le volant	*El volante*	él bolannté
Le clignotant	*El intermitente*	él intélmiténnté
La consommation	*El consumo*	él connsoumo
Le carburateur	*El carburador*	él calbuladol
Le rétroviseur	*El retrovisor*	él létlobisol
Le capot	*El capó*	él capo
L'essuie-glace	*El limpiaparabrisas*	él limmpiapalablissasse
Le frein à main	*El freno de mano*	él fléno dé mano
Le réservoir	*El depósito*	él dépoossito

LE TRAIN / *EL TREN*

Le quai	*El andén*[2]	él andéne
Le siège	*El asiento*	él asiento
La voiture (wagon)	*El coche*	él cotché
Le compartiment	*El departamento*	él dépaltaménto
Le chemin de fer	*El ferrocarril*	él féllocallil
L'horaire	*El horario*	él olalio
Le couloir	*El pasillo*	él passillo
Le passage à niveau	*El paso a nivel*	él passo a nibél
Le contrôleur	*El revisor/registrador*	él rébissor/léristradol
La place	*El sitio*	él sitio
La sonnette d'alarme	*El timbre de alarma*	él timmblé dé alalma
Le changement (correspondance)	*El transbordo*	él tlannsboldo
Le TGV espagnol	*El tren de alta velocidad (AVE)*	él tréne dé alta bélocidade
Le train de banlieue	*El tren de cercanías*	él tréne dé célcanillas
Le train express	*El tren expreso*	él tréne exprésso
Le wagon	*El vagón*	él bagone
La consigne	*La consigna*	la consigna[2]
La gare	*La estación*	la éstassione
L'aller	*La ida*	la ida
L'aller-retour	*La ida y vuelta*	la ida i bouélta
L'arrivée	*La llegada*	la liégada

2. Il faudra bien différencier ce quai-là du quai du port qui se dira *el muelle*.

Le distributeur de billets (de train)	*La máquina expendedora de billetes*	la maaquina expéndédola de biliétés
Le réseau ferré	*La red ferroviaria*	la led féllobialia
La salle d'attente	*La sala de espera*	la sala dé éspéla
La sortie	*La salida*	la salida
Le signal	*La señal*	la ségnal
Le guichet	*La taquilla*	la taquilla
Le plein tarif	*La tarifa completa*	la talifa compléta
Le tarif réduit	*La tarifa reducida*	la talifa lédoucida
La fenêtre	*La ventanilla*	la bénntanilla
La voie	*La vía*	la bïa
Le retour	*La vuelta*	la bouélta

LE VÉLO / *LA BICI*

Doubler	*Adelantar*	adélantal
Changer de vitesse	*Cambiar de velocidad*	cambial dé vélocidade
Le cycliste	*El ciclista*	él ciclista
Le cadre	*El cuadro*	él couadlo
Le frein	*El freno*	él fléno
Le guidon	*El manillar*	él manillar
La selle	*el sillín*	él silline
La panne	*La avería*	la abélilla
La chute	*La caída*	la caïda
Crever	*Pinchar*	pinchal
Monter/descendre une côte	*Subir/bajar una cuesta*	soubil/bral ouna couésta

Prendre un virage	*Tomar una curva*	tomal ouna coulba
La roue voilée	*La rueda torcida*	la louéda tolcida

L'AVION / *EL AVIÓN*

L'aéroport	*El aeropuerto*	él aélopouélto
L'atterrissage	*El aterrizaje*	él atéllissaré
L'avion à réaction	*El avión de reacción*	él abione dé léactione
Le décalage horaire	*El cambio de horario*	él cammbio dé holalio
Le passager	*El pasajero*	él passarélo
Le pilote	*El piloto*	él piloto
Le trafic aérien	*El tráfico aéreo*	él tlafico aéléo
Le vol	*El vuelo*	él bouélo
Avoir une correspondance	*Tener conexión*	tener conexionne
La hauteur	*La altitud*	la altitoud
La météorologie	*La meteorología*	la météololorilla
La salle d'embarquement	*La sala de embarque*	la sala dé émmbalqué
La piste	*La pista*	la pista
Le hublot	*La ventanilla*	la béntanilla

LE BATEAU / *EL BARCO*

La barque	*La barca*	la balca
Le navire	*El buque*	él bouqué
Le bateau de plaisance	*El barco de recreo*	él balco dé lécléo
Le bateau à voile	*El barco de vela*	él balco dé bêla

La traversée	*La travesía*	la tlabéssilla
Le quai	*El muelle*	él mouéillé
Le pont	*La cubierta*	la coubiélta
La cabine	*El camarote*	él camaloté
La couchette	*La litera*	la litéla
Le cap	*El rumbo*	él loumbo
L'équipage	*La tripulación*	la tlipoulassione
Le marin	*El marino*	él malino
Le naufrage	*El naufragio*	él naouflario
Le gilet de sauvetage	*El chaleco salvavidas*	él tchaléco salbabidasse
Le canot de sauvetage	*El bote salvavidas*	él bote salbabidasse
Le port	*El puerto*	él pouélto
La jetée	*El malecón, la escollera*	él malecone, la éscoliéla
L'armateur	*El armador*	él almadol
Lever l'ancre	*Zarpar*	salpal
Accoster	*Arribar*	allibal
Le phare	*El faro*	él falo
Jeter l'ancre	*Echar el ancla*	echal él anncla
Naviguer	*Navegar*	nabégal
Tanguer	*Cabecear*	cabécéal
Échouer	*Encallar*	encalial
Couler	*Hundir*	oundil
La navigation	*La navegación*	la nabégassione
Le passager	*El pasajero*	él passarélo
La bouée	*La boya*	la boya
Le navire	*El navío*	él nabillo
Le chalutier	*El barco pesquero*	él balco pesquélo

La proue/la poupe	*La proa/la popa*	la ploa/la popa
L'hélice	*La hélice*	la hélice
Le gouvernail	*El timón*	él timone
Le mât	*El mástil*	él mastil
La boussole	*La brújula*	la brouroula
Le nœud	*El nudo*	él noudo
Bâbord/tribord	*Babor/estribor*	bablo/eslibol

2. LE LOGEMENT / *EL ALOJAMIENTO*

Internet oblige, il existe de nombreux sites et solutions pour se loger en Espagne, que ce soient les pensions charmantes de La Rambla, des appartements ou des campings, en fonction de vos moyens.

À L'HÔTEL / *EN EL HOTEL*

À quelle heure fermez-vous la porte de l'hôtel ?
¿A qué hora cierra la puerta del hotel?

À quelle heure sert-on le petit déjeuner ?
¿A qué hora se sirve el desayuno?

À quelle heure faut-il libérer la chambre ?
¿A qué hora se tiene que dejar la habitación?

Vous acceptez les cartes de crédit ?
¿Acepta usted las tarjetas de crédito?

Comment puis-je me rendre à cet hôtel ?
¿Cómo puedo ir a este hotel?

Quand mes vêtements seront-ils prêts ?
¿Cuándo estará lista mi ropa?

Combien coûte la chambre ? *¿Cuánto vale la habitación?*

Où se trouve le restaurant de l'hôtel ?
¿Dónde está el restaurante del hotel?

Le petit déjeuner est-il compris ? *¿Está incluido el desayuno?*

Les taxes et le service sont-ils compris ?
¿Están incluidos el servicio y el IVA?

Avez-vous fait la chambre ? *¿Ha limpiado la habitación?*

Faut-il verser un acompte ? *¿Hace falta dar un anticipo?*

Y a-t-il des hôtels moins chers ? *¿Hay hoteles más baratos?*

Y a-t-il une salle de bains dans la chambre ?
¿Hay un cuarto de baño en la habitación?

Y a-t-il une réduction en fonction du séjour ?
¿Hay un descuento según la estancia?

Y a-t-il un message pour moi ? *¿Hay un mensaje para mí?*

Quelqu'un peut-il apporter mes bagages dans ma chambre ?
¿Puede alguien llevar mis maletas a la habitación?

Puis-je libérer la chambre plus tard ?
¿Puedo dejar la habitación más tarde?

Pouvez-vous me réveiller à sept heures ?
¿Puede despertarme a las siete?

Pouvez-vous me montrer la chambre s'il vous plaît ?
¿Puede enseñarme la habitación por favor?

Pouvez-vous garder mes bagages ?
¿Puede guardarme el equipaje?

Pouvez-vous m'indiquer un autre hôtel ?
¿Puede indicarme otro hotel?

Pouvez-vous m'appeler un taxi s'il vous plaît ?
¿Puede llamarme un taxi por favor?

Pouvez-vous apporter une couverture dans ma chambre ?
¿Puede traer una manta en mi habitación?

Pouvez-vous faire descendre mes bagages ?
¿Puede mandar bajar el equipaje?

Pouvez-vous enlever cette tache s'il vous plaît ?
¿Puede quitar esta mancha por favor?

Pouvez-vous remplir cette fiche s'il vous plaît ?
¿Puede rellenar esta ficha por favor?

Puis-je déposer mes objets de valeur dans le coffre ?
¿Puedo poner los objetos de valor en el cofre?

Avez-vous une chambre libre ?
¿Tiene una habitación libre?

Avez-vous une chambre plus grande / plus petite / plus jolie / moins chère ?
¿Tiene una habitación más grande / más pequeña / más bonita / menos cara?

Avez-vous une carte de cet hôtel ?
¿Tiene una tarjeta del hotel?

Avez-vous du shampooing / de l'après-shampooing / un rasoir / de la mousse à raser / du savon / du cirage / une serviette / un peignoir / un sèche-cheveux / un autre drap ?
¿Tiene champú / acondicionador / una maquinilla de afeitar / espuma para afeitarse / jabón / betún para los zapatos / una toalla / una bata / un secador de pelo / otra sábana?

Je crois que vous vous êtes trompés sur la facture.
Creo que se ha equivocado en la factura.

La climatisation est en panne.
El aire acondicionado está averiado.

Cette chambre est trop bruyante.
Esta habitación es demasiado ruidosa.

Ce ne sont pas mes vêtements. *Esto no es mi ropa.*

Je suis satisfait de mon séjour dans votre hôtel.
Estoy satisfecho de mi estancia en su hotel.

Il manque un vêtement. *Falta una ropa.*

J'ai pris un jus d'orange dans le réfrigérateur.
He consumido un zumo de naranja en la nevera.

J'ai oublié mes clés dans la chambre.
He olvidado mis llaves en la habitación.

J'ai fait la réservation depuis la France.
Hice la reserva desde Francia.

La chasse d'eau ne marche pas.
La cisternilla de los aseos no funciona.

J'arriverai tard. Pouvez-vous garder ma chambre s'il vous plaît ?
Llegaré tarde. ¿Puede guardar mi habitación por favor?

Apportez-moi un café et une bouteille d'eau s'il vous plaît.
Traígame un café y una botella de agua por favor.

Le numéro de ma chambre est le...
Mi número de habitación es el...

Il n'y a pas d'eau chaude. *No hay agua caliente.*

Il n'y a pas de lumière. *No hay luz.*

Je n'ai rien consommé du réfrigérateur.
No he consumido nada de la nevera.

Je voudrais changer de chambre.
Quisiera cambiar de habitación.

Je voudrais partir un jour plus tôt.
Quisiera irme con un día de antelación.

Je voudrais repasser ces vêtements.
Quisiera planchar esta ropa.

Je voudrais récupérer les objets que j'ai laissés dans le coffre.
Quisiera recuperar los objetos que he dejado en el cofre.

Je voudrais réserver une chambre pour cette nuit.
Quisiera reservar una habitación para esta noche.

Je voudrais une chambre calme.
Quisiera una habitación calma.

Je voudrais une chambre avec deux lits.
Quisiera una habitación con dos camas.

Je voudrais une chambre avec balcon.
Quisiera una habitación con un balcón.

Je voudrais une chambre avec douche.
Quisiera una habitación con una ducha.

Je voudrais une chambre avec vue sur la rue / la mer / la montagne / la plage / la place.
Quisiera una habitación con vista a la calle / al mar / a la montaña / a la playa / a la plaza.

On n'a pas encore fait la chambre.
Todavía no se ha limpiado la habitación.

Je prends cette chambre. *Tomo esta habitación.*

Je prends la chambre pour trois nuits.
Tomo la habitación por tres noches.

LE PETIT DÉJEUNER / *EL DESAYUNO*

Je voudrais deux déjeuners pour demain.	*Quisiera dos desayunos para mañana.*
Je voudrais :	*Quisiera:*
- un croissant	*- un cruasán*
- de la confiture	*- mermelada*
- du pain	*- pan*
- du pain grillé	*- pan tostado*
- du beurre	*- mantequilla*
- du lait	*- leche*
- du chocolat chaud/froid	*- un colacao caliente/frío*
- des churros (beignets frits)	*- churros*
- des œufs durs	*- huevos duros*
- du jambon	*- jamón*
- du thé	*- té*
- un jus d'orange.	*- un zumo de naranja.*

Pour ne pas dormir à la belle étoile (sauf hôtelière)

L'hôtellerie espagnole est en général de qualité et on y trouve de tout en fonction de ce que l'on cherche et de son budget. Généralement moins onéreuse qu'en France, elle n'en est pas moins très satisfaisante pour peu que l'on y mette un peu le prix. Plusieurs formules sont disponibles : chambre seule *(cámara sola)*, pension complète *(pensión completa)*, lit double *(cama de matrimonio)*, etc. Si vous voulez un contact avec l'habitant et dépenser peu, rendez-vous donc dans une des nombreuses pensions[1] à proximité des Ramblas de Barcelone par exemple : logement bon marché et souvent de bonnes surprises. Plus dépaysant encore, les pensions en Andalousie. Souvent, vous avez la chance de côtoyer l'Espagne authentique dans des petits patios typiques, joyaux de cette région.

1. Désignées par l'appellation *hostales* ou *residencias*.

Si votre budget est plus modeste, sachez que les auberges de jeunesse peuvent parfois vous accueillir et qu'il est possible de tomber sur de bonnes surprises pour un rapport qualité-prix très convenable. La carte FUAJ est très utile dans ce cas et permet de substantielles économies. Malgré leur nom, les auberges de jeunesse accueillent tout le monde et dispensent même des repas.

Il existe enfin une chaîne nationale de qualité, et de fait beaucoup plus onéreuse, les *paradores*, gérés directement par les gouvernements et aux très bonnes prestations puisque situés dans des cadres prestigieux : https://paradores.es/es

AU CAMPING / *EN EL CAMPING*

Nous avons réservé une place pour la tente / la caravane / le camping-car.
Hemos reservado un sitio para la tienda / la caravana / la autocaravana / el roulotte.

Y a-t-il une piscine dans le camping ?
¿Hay una piscina en el camping?

Où se trouvent les toilettes ? *¿Dónde están los aseos?*

Je veux une place sous un arbre / près de la plage.
Quiero un sitio debajo de un árbol / cerca de la playa.

Combien coûte une nuit ? *¿Cuánto vale una noche?*

Faut-il payer d'avance ? *¿Se paga con antelación?*

Y a-t-il des prises pour l'électricité ?
¿Hay enchufes para la electricidad?

Y a-t-il de l'eau près de mon emplacement ?
¿Hay agua cerca de mi sitio?

Je veux changer d'endroit parce que mes voisins sont trop bruyants.
Quiero cambiar de sitio porque mis vecinos son demasiado ruidosos.

Y a-t-il un magasin dans le camping ?
¿Hay una tienda en el camping?

Y a-t-il une aire de jeux pour les enfants ?
¿Hay un área de juegos para los niños?

Savez-vous où on peut faire de la randonnée près d'ici ?
¿Sabe dónde se puede ir de excursión cerca de aquí?

Y a-t-il un arrêt de bus près d'ici ?
¿Hay una parada de bus cerca de aquí?

À quelle heure part le premier bus ?
¿A qué hora sale el primer bus?

À quelle heure part le dernier bus ?
¿A qué hora sale el último bus?

Pouvons-nous nous installer sur cet emplacement ?
¿Podemos instalarnos en este sitio?

Tout est-il compris dans le prix ?
¿Está incluido todo en el precio?

Y a-t-il un camping près d'ici ?
¿Hay un camping cerca de aquí?

Quel est le tarif pour la voiture ?
¿Cuál es la tarifa para el coche?

Combien cela vaut-il par personne ?
¿Cuánto vale por persona?

Doit-on payer pour le chien / le chat ?
¿Se paga por el perro / el gato?

Où sont les douches ? *¿Dónde están las duchas?*

Où puis-je trouver du gaz ? *¿Dónde puedo encontrar gas?*

Avez-vous des allumettes ? *¿Tiene fósforos?*

Peut-on allumer un feu pour le barbecue ?
¿Se puede encender fuego para la barbacoa?

De l'art du camping

Le camping est une solution moins onéreuse et permet de profiter pleinement de la nature dans un pays à même d'offrir de nombreuses merveilles. Ah, que l'Espagne est belle et comme il serait doux d'y planter son bivouac au hasard d'une route andalouse et d'y dormir à la belle étoile... Un projet pas si fou que ça, à condition de demander la permission au propriétaire des lieux et d'y résider de façon... raisonnable.
Si l'aventure sauvage vous rebute un peu, vous pouvez très bien opter pour un camping « officiel ». N'oubliez pas toutefois que vous êtes en Espagne et que la fièvre latine peut parfois s'exprimer bruyamment. Ces déconvenues à part, les campings espagnols sont en général bien tenus et un peu plus cher. Enfin, peu de surprises en ce qui concerne les tarifs puisqu'ils sont affichés.

UN PEU DE VOCABULAIRE INDISPENSABLE

L'HÔTEL / *EL HOTEL*

Bon marché	*Barato*	balato
Cher	*Caro*	calo
L'eau	*El agua*	él agoua
L'eau chaude	*El agua caliente*	él agoua caliénté
La climatisation	*El aire acondicionado*	él aïré aconndicionado
L'auberge de jeunesse	*El albergue de juventud*	él albélgué de roubéntoud
L'ascenseur	*El ascensor*	él asséنssol
Le balcon	*El balcón*	él balcone
Le banc	*El banco*	él banco
Le coffre	*El cofre*	él coflé
La salle de bains	*El cuarto de baño*	él cualto de bagno
Le petit déjeuner	*El desayuno*	él désayouno
Les bagages	*El equipaje*	él équiparé
La TVA	*El IVA*	él iba
Le savon	*El jabón (de tocador)*	él rabone
Le papier	*El papel*	él papél
Le passeport	*El pasaporte*	él passapolté
La cour	*El patio*	él pattio
Le prix	*El precio*	él plécio
Le message	*El recado*	la lécado
Le restaurant	*El restaurante*	él réstaoulanté
Le/la réceptionniste	*El/la recepcionista*	él/la récépcionista
La chambre simple	*La habitación individual*	la abitassione inndibidoual

Le grand lit	*La cama de matrimonio*	la cama dé matlimonio
La chasse d'eau	*La cisternilla*	la cistélnilla
La douche	*La ducha*	la doutcha
La gare ferroviaire/routière	*La estación de trenes/de buses*	la estassione dé aoutoboussés
Le séjour	*La estancia*	la estancia
La fiche	*La ficha*	la fitcha
La chambre double	*La habitación doble*	la abitassione doble
La lumière	*La luz*	la lousse
La clé	*La llave*	la liabé
La tache	*La mancha*	la manntcha
Le réfrigérateur	*La nevera*	la nébéla
La porte d'entrée	*La puerta de entrada*	la pouélta dé entlada
La réception	*La recepción*	la lécépcione
La réservation	*La reserva*	la résserba
La carte de crédit	*La tarjeta de crédito*	la talréta dé clédito
La serviette	*La toalla*	la toailla
La vue	*La vista*	la bista
Faire la chambre	*Limpiar la habitación*	limpial la abitassione
Arriver en retard	*Llegar tarde*	liegal taldé
Repasser les vêtements	*Planchar la ropa*	planntchal la lopa
Un acompte	*Un anticipo*	oun annticipo
Une réduction	*Un descuento*	oun déscouénto
Un réveil	*Un despertador*	oune déspéltadol
Un objet de valeur	*Un objeto de valor*	oun obréto dé balol
Une feuille de réclamations	*Una hoja de reclamaciones*	una ora dé réclamacionés

Une couverture	*Una manta*	ouna mannta
Une nuit	*Una noche*	ouna notché
Un drap	*Una sábana*	una sabana

LE CAMPING / *EL CAMPING*

L'ouvre-boîtes	*El abrelatas*	él ablélatasse
L'arbre	*El árbol*	él aalbol
Le clou	*El clavo*	él clabo
Le tournevis	*El destornillador*	él déstolnilladol
La prise de courant	*El enchufe*	él énntchoufé
Le robinet	*El grifo*	él glifo
Le marteau	*El martillo*	él maltillo
Le camping-car	*El roulotte*	él loulote
Le tire-bouchon	*El sacacorchos*	él sacacolchosse
L'emplacement	*El sitio*	él sitio
Le bouchon	*El tapón*	él tapone
Le verre	*El vaso*	él baso
La bouteille	*La botella*	la boteilla
La caravane	*La caravana*	la carabana
La douche	*La ducha*	la doutcha
L'électricité	*La electricidad*	la électricidad
L'herbe	*La hierba*	la yelba
La piscine	*La piscina*	la piscina
La tente	*La tienda*	la tiénnda
Les toilettes	*Los aseos*	losse asséosse
Les voisins	*Los vecinos*	losse vécionosse

3. LA NOURRITURE, LES REPAS / *LA COMIDA*

AU MARCHÉ / *EN EL MERCADO*

Où se trouve le marché s'il vous plaît?
¿Dónde está el mercado por favor?

Je dois acheter des fruits et des légumes pour le repas d'aujourd'hui.
Tengo que comprar fruta y verdura para la comida de hoy.

Que désirez-vous ?
¿Qué desea usted?

Je voudrais un kilo de tomates et une laitue.
Quisiera un kilo de tomates y una lechuga.

Combien coûte le kilo de pommes ?
¿Cuánto vale el kilo de manzanas?

Ça coûte 2 euros le kilo. *Sale a 2 euros el kilo.*

C'est trop cher ! *¡Está demasiado caro!*

Donnez-moi 3 kilos d'oranges et un kilo de citrons.
Deme 3 kilos de naranjas y uno de limones.

Mettez-moi également 500 grammes de carottes.
Póngame también quinientos gramos de zanahorias.

J'ai faim. *Tengo hambre.*

L'odeur du marché me réveille l'appétit.
El olor del mercado me despierta el apetito.

Combien vous dois-je ? *¿Cuánto le debo?*

Je n'ai pas de monnaie. *No tengo suelto.*

Acceptez-vous les billets ? *¿Acepta usted los billetes?*

Merci, voici votre monnaie. *Gracias, aquí está el cambio.*

De l'art de faire le marché

L'Espagne est un gros producteur de fruits, de légumes et de poissons. Par sa position privilégiée, elle fournit à l'Europe une quantité assez importante d'agrumes (citrons, oranges, pamplemousses), ainsi que d'autres produits variés (fraises, olives, etc.). Ne pas profiter de ses marchés serait donc une occasion manquée. Pour ce faire, repérez les jours de marché auprès du syndicat d'initiative. Ne vous précipitez pas sur le premier produit venu : prenez le temps de bien faire le tour du marché pour sélectionner ce qui vous plaît à des prix souvent plus avantageux qu'en France en ce qui concerne les denrées alimentaires dans l'ensemble. Les prix sont en général affichés, si ce n'est pas le cas, ne perdez pas votre temps et privilégiez une enseigne qui ne fera pas son beurre sur le dos du touriste.
Les commerçants sont dans la majorité des cas avenants et pour peu que vous fassiez l'effort de parler espagnol, ils seront agréables avec vous.
Attention : même si les marchés espagnols sont des lieux plaisants, il faut se méfier des pickpockets qui sont prompts à vous délester de vos biens liquides et autres. Soyez vigilant et ne gardez aucun effet personnel dans vos poches arrière ou à l'intérieur de votre sac à dos.
Dernier petit conseil : ne vous formalisez pas si de vieilles personnes jouent un peu des coudes pour se frayer un passage dans la foule.

AU RESTAURANT / *EN EL RESTAURANTE*

L'Espagne présente une variété gastronomique[1] pouvant se révéler très intéressante, ce qui explique les nombreux restaurants présents sur le territoire, plus ou moins bons. Le pays, malgré son climat majoritairement xérique, présente en effet une gamme de nourriture assez variée, aussi bien au niveau de la viande, du poisson que des légumes et des fruits.

1. Voir le tableau des spécialités culinaires par région p. 85.

Si vous êtes peu fortuné mais que néanmoins vous voulez vous nourrir correctement sans atteindre des sommets gastronomiques, **les routiers** le long des nationales sont des endroits tout indiqués. Des menus à un peu moins de 15 euros vous offrent déjà de quoi vous sustenter correctement, et l'accueil est en général correct.
Si vous êtes un peu moins désargentés, de nombreux **restaurants ruraux** peuplent les terres et peuvent vous offrir des menus à des prix un peu plus élevés mais valant le détour par la variété des plats locaux présentés (sangliers, *jabalíes,* jambon de montagne, *jamón serrano,* etc.).
Sans vouloir fustiger le *turismo de sol y playa* (« tourisme de soleil et de plage »), tout aussi agréable mais différent du *turismo verde* (tourisme plus écologique se portant sur l'intérieur des terres), on ne saurait que trop vous recommander de bien vous renseigner auprès de l'habitant ou avec des guides gastronomiques spécialisés pour éviter les « restaurants à touristes ». Il n'est pas rare en effet que certains restaurants plus ou moins bien intentionnés vous facturent des produits ne figurant pas dans votre commande.
Il existe cependant de bonnes enseignes, des restaurants où l'on peut déguster de **succulents fruits de mer,** encore faut-il les reconnaître.

CHERCHER UN RESTAURANT / *BUSCAR UN RESTAURANTE*

À quelle heure ouvrent les restaurants ?
¿A qué hora abren los restaurantes?

Connaissez-vous des restaurants où la cuisine soit légère ?
¿Conoce restaurantes en los que la cocina no pesa mucho?

Dans quel quartier peut-on trouver des restaurants ?
¿En qué barrio se pueden encontrar restaurantes?

Les restaurants sont-ils ouverts le dimanche ?
¿Están abiertos los restaurantes el domingo?

Y a-t-il des restaurants chinois / japonais / italiens / indiens / français dans le quartier ?
¿Hay restaurantes chinos / japoneses / italianos / indios / franceses en el barrio?

Y a-t-il des restaurants où l'on puisse aller avec les enfants ?
¿Hay restaurantes en los que se puede ir con los niños?

Pouvez-vous m'indiquer un restaurant bon marché ?
¿Me puede indicar un restaurante barato?

Pouvez-vous m'indiquer un bon restaurant dans le quartier ?
¿Puede indicarme un buen restaurante en el barrio?

Je voudrais trouver un restaurant calme / animé.
Quisiera encontrar un restaurante tranquilo / animado.

Je voudrais goûter la spécialité culinaire de la région.
Quisiera probar la especialidad culinaria de la comarca.

RÉSERVER UN RESTAURANT / *RESERVAR UN RESTAURANTE*

– À quel nom s'il vous plaît ?
– Au nom de monsieur/madame... s'il vous plaît.
– *¿A qué nombre es la reserva por favor?*
– *A nombre del señor/de la señora... por favor.*

– Combien de temps faut-il attendre ?
– Une demi-heure.
– Je suis désolé mais nous ne pouvons pas attendre. Au revoir. / Très bien, nous allons attendre.
– *¿Cuánto tiempo hace falta esperar?*
– *Una media hora.*
– *Lo siento pero no podemos esperar. Adiós. / Muy bien, vamos a esperar.*

– Faut-il porter un costume ?
– Oui. Nous n'acceptons pas de jeans dans notre établissement.
– *¿Hace falta llevar un traje?*
– *Sí. No se aceptan los vaqueros en nuestro establecimiento.*

– Je voudrais faire une réservation pour... personnes pour ce soir à... heures.
– Je suis désolé mais nous sommes complets.
– *Quisiera hacer una reserva para*[2]*... personas para esta noche a la*[3]*...*
– *Lo siento pero estamos completos.*

À quelle heure ferme le restaurant ?
¿A qué hora cierra el restaurante?

À quelle heure peut-on avoir une table libre ?
¿A qué hora se puede tener una mesa libre?

Comment faire pour se rendre à votre restaurant ?
¿Cómo hacer para llegar a su restaurante?

Est-il possible d'arriver à... heures ?
¿Es posible llegar a las...?

Jusqu'à quelle heure peut-on réserver ?
¿Hasta qué hora se puede reservar?

Faut-il réserver pour déjeuner / dîner ?
¿Hay que reservar para comer / cenar?

Peut-on avoir une table près de la fenêtre / dans un coin un peu à l'écart ?
¿Se puede tener una mesa cerca de la ventana / en un rincón apartado?

---

2. Voir le chapitre sur les adjectifs numéraux cardinaux pour exprimer le nombre de convives.

3. Voir le chapitre sur l'heure.

Peut-on avoir une table sur la terrasse ?
¿Se puede tener una mesa en la terraza?

Même si c'est tard, ça nous va quand même.
Aunque sea tarde, nos conviene.

Bonsoir, avez-vous une table pour un couple ?
Buenas noches, ¿tiene una mesa para una pareja?

Allô, je voudrais faire une réservation au nom de...
Oíga, quisiera hacer una reserva a nombre de...

Nous arriverons en retard. *Llegaremos con atraso.*

Je voudrais annuler ma réservation. Mon nom est...
Quisiera cancelar mi reserva. Mi nombre es...

Nous souhaiterions être réunis autour de la même table.
Quisiéramos estar reunidos en la misma mesa.

AU RESTAURANT / *EN EL RESTAURANTE*

Comment voulez-vous la cuisson de votre viande ? Très cuite / à point / rosée / bleue (un aller-retour) ?
¿Cómo quiere su carne? ¿Muy hecha / bien hecha / en su punto (en su término medio) / poco hecha / vuelta y vuelta?

Quelles sont les spécialités culinaires régionales ?
¿Cuáles son las especialidades culinarias regionales?

Est-ce un espace fumeurs ici ou non ?
¿Es un espacio fumadores aquí o no?

Le vin et le café sont-ils inclus dans le menu ?
¿Están incluidos el café y las bebidas en el menú?

Pouvez-vous me changer ma cuillère / ma petite cuillère / ma fourchette / mon couteau ? Il/elle est tombé(e).
¿Puede cambiarme la cuchara / la cucharita / el tenedor / el cuchillo? Se me ha caído.

Pouvez-vous m'apporter du sel / du poivre / du sucre / de la moutarde / de la mayonnaise / du ketchup / de l'eau minérale / de l'eau gazeuse / plus de pain s'il vous plaît ?
¿Puede traerme sal / pimienta / azúcar / mostaza / mayonesa / ketchup / agua sin gas / agua con gas / más pan por favor?

Pouvez-vous m'apporter le même plat que celui de la table d'à côté ?
¿Puede traerme el mismo plato que el de la mesa de al lado?

Qu'est-ce que c'est ? *¿Qué es?*

Qu'avez-vous comme dessert ? *¿Qué tiene de postre?*

Peut-on avoir un verre de vin ?
¿Se puede tener una copa de vino?

Avez-vous des menus ? *¿Tiene menús?*

Avez-vous une carte en français / en anglais s'il vous plaît ?
¿Tiene una carta en francés / en inglés por favor?

Avez-vous du vin français ? *¿Tiene vino francés?*

Quels sont vos conseils pour choisir un bon vin ?
¿Cuál es su consejo para escoger un buen vino?

Le vin a un goût de bouchon. *El vino tiene un sabor acorchado.*

C'est très bon. *Está muy rico.*

La carte s'il vous plaît. *La carta por favor.*

Je regrette mais je ne mange que des plats sans graisse / sans sucre / sans gluten.
Lo siento pero sólo como platos sin grasa / sin azúcar / sin gluten.

J'aime/je n'aime pas trop les plats épicés.
Me gustan/no me gustan mucho los platos picantes.
Ça ne me plaît pas beaucoup. *No me gusta mucho.*

– Que se passe-t-il s'il vous plaît ?
– On ne m'a pas encore servi.
– Por favor ¿qué pasa?
– Todavía no me ha servido el plato.

S'il vous plaît, nous voudrions passer la commande.
Por favor, quisiéramos pasar el pedido.

Je voudrais voir la carte des vins s'il vous plaît.
Quisiera ver la carta de los vinos por favor.

Nous voudrions goûter un vin de la région.
Quisiéramos probar un vino de la comarca.

Vous vous êtes trompés : ce n'est pas le plat que j'ai commandé.
Se ha equivocado: este plato no es lo que he pedido.

Nous prendrons cela. *Tomaremos esto.*

L'ADDITION / *LA CUENTA*

L'addition s'il vous plaît ! *¡La cuenta por favor!*

Acceptez-vous les cartes de crédit ?
¿Acepta usted la tarjeta de crédito?

Combien est-ce pour tout ? *¿Cuánto vale en total?*

Où paie-t-on ? *¿Dónde se paga?*

Le service est-il compris ? *¿Está incluido el servicio?*

Il faut payer ici ? *¿Hay que pagar aquí?*

Pouvez-vous me dire à quoi correspond ce prix ?
¿Me puede decir a qué corresponde este precio?

Pourriez-vous me donner le reçu s'il vous plaît ?
¿Podría darme el recibo por favor?

(À l'hôtel) Pouvez-vous ajouter l'addition sur ma note ?
(En el hotel) ¿Puede añadir la cuenta en mi nota total?

Nous avons très bien mangé. *Hemos comido muy bien.*

Je me charge de tout payer. *Me encargo de pagar todo.*

Je crois qu'il y a une erreur sur l'addition.
Me parece que hay un error en la cuenta.

Nous voudrions payer séparément.
Quisiéramos pagar separadamente.

Vous vous trompez : je n'ai pas pris ce plat.
Se equivoca: no he escogido este plato.

Vous vous trompez : j'ai annulé cette commande.
Se equivoca: he cancelado este pedido.

Vous vous êtes trompé dans la monnaie.
Se ha equivocado en el cambio.

Conseils utiles au restaurant

• Le pourboire se dit *la propina.* L'usage est le même qu'en France : c'est au client de décider si le service a été convenable et de laisser quelque chose au serveur.
• *La ración* : attention, sous cette appellation trompeuse pouvant conférer à un petit plat se cache en général une assiette beaucoup plus onéreuse que *la tapa* traditionnelle. À ne commander donc que si... vous avez très faim et le budget correspondant. Le *plato combinado* peut être une solution intermédiaire : il s'agit d'une assiette garnie souvent bien fournie.
• *La tapa* : attention, elle se paie relativement chère, notamment au nord de l'Espagne, et en Catalogne en particulier. La seule région vous permettant de bénéficier gratuitement de *la tapa,* offerte gracieusement avec votre boisson, est Grenade et dans certains endroits de la province de Séville. Parfois, elle est si copieuse qu'elle peut vous servir de repas, à base de poisson frais dans les villes côtières comme Motril ou Almería.
• *El entremés* : voilà un faux ami dont il faut se défier car il ne désigne pas l'entremet français, c'est-à-dire le dessert, mais le hors-d'œuvre, donc l'entrée.
• *El porrón* : il s'agit d'une tradition dans certains restaurants invitant le client à boire au *porrón,* espèce de cruche à long bec contenant un vin sucré qu'il faut déverser dans sa bouche en levant la cruche de plus en plus haut. Amusement garanti, sauf si on porte une chemise blanche ce jour-là !
• Les *ferias* : si vous avez l'occasion de vous promener en Andalousie au printemps ou en été, ne manquez pas les *ferias,* sortes de fêtes ou l'on trouve une ambiance populaire très bon enfant et où l'on peut passer un moment agréable tout en goûtant les spécialités locales.

Vous trouverez dans ces tableaux les spécialités culinaires et vinicoles à ne pas manquer par région : bon appétit !

Îles Baléares

Spécialités culinaires

- *El atún con mayonesa* (thon à la mayonnaise)
- *El pan tumaca* ou *pan payes* (recette à base de pain grillé frotté à l'ail, aux tomates et arrosé d'huile d'olive)
- *La sobrasada mayorquina* (soubressade à base de piments)
- *El cordero asado al estilo de Mahón* (agneau rôti servi avec une sauce complexe à base de lait et de légumes)
- *Los huevos fritos al estilo de Soller* (œufs frits servis avec une sauce complexe à base de lait et de légumes)
- *La porcella* (soupe à base de porc)
- *La cigala mallorquina* (langoustine)
- *El tumbet* (plat à base d'aubergines, pommes de terre, sauce tomate et poivrons)
- *El rostit* (porc au four à base de foie, œufs, pain, pommes et prunes)
- *El pollo rellenado de Granada* (poulet garni)
- *La pechuga de pavo con salsa de almendras* (escalope de dinde aux amandes)
- *Los pichones en salsa de castaña* (viande à la châtaigne)
- *La langosta de Menorca* (langouste)
- *La caldereta de langosta* (marmite de langoustes)
- *El arroz con langosta* (riz aux langoustes)
- *La perdiz menorquina* (perdrix)
- *La burrida de ratjada* (raie aux amandes concassées)
- *La langosta ibicenca* (ragoût de calamars et liqueur aux herbes)
- *El guisat de marisc* (ragoût de fruits de mer)
- *Las coques* (espèces de feuilletés carrés à la viande, au poisson ou aux légumes hachés)

Vin[4]

- Binissalem (AOC)
- Pla i Llevant (AOC)
- Ibiza
- Illes Balears
- Isla de Menorca
- Serra de Tramuntana-Costa Nord
- Formentera
- Mallorca
- Viñedos de España
- Liqueur de Minorque
- Licor de hierbas ibicencas (liqueur aux herbes de Minorque)

Barcelone

Spécialités culinaires

- *Escudella i carn d'olla* (potage à base de riz, légumes, pâtes et pommes de terre)
- *El cocido con judías blancas* (*butifarra* saucisse catalane, *pilota* viande de bœuf, pain, œufs, épices)
- *El arroz a la cazuela* (espèce de paella à la mode catalane)

---

4. Il existe deux grandes variétés d'appellation en Espagne subdivisées en plusieurs catégories :
- les vins de qualité, équivalents peu ou prou à la dénomination AOC française : *Vinos de Calidad Producidos en Regiones Determinadas (VCPRD)* :
  - *Vinos de Pago (DO de Pago)* : la catégorie supérieure que puisse atteindre un vin,
  - *Vinos con Denominación de Origen Calificada (DOCa),*
  - *Vinos con Denominación de Origen (DO),*
  - *Vinos de Calidad con Indicación Geográfica* (vins aspirant à devenir des *DO*) ;
- les vins de table *(vinos de mesa)* :
  - *Vinos de la Tierra (VdlT)* aux normes de production moins exigeantes que les *DO,*
  - *Vinos de Mesa.*

- *La zarzuela* (spécialité à base de poissons avec du mérou *mero*, de la baudroie *rape*, grosses crevettes *langostinos* ou gambas, calamars *calamares* et moules *mejillones*)
- *El suquet de peix* (morue *bacalao* assaisonnée dans un récipient en fer blanc)
- *La crema catalana* (flan au jaune d'œuf à la crème brûlée)
- *El mel i mato* (fromage blanc *requesón* avec du miel)
- *El postre de musico* (gâteau aux raisins secs *pasas* et pignons *piñones*)

Vins

- Peralada
- Alella (AOC)
- Tarragona (AOC)
- Priorat
- Ampurdán (AOC)
- Cataluña (AOC)
- Conca de Barberá (AOC)
- Costers del Segre (AOC)
- Montsant (AOC)
- Pla de Bages (AOC)
- Priorato (AOC)[5]
- Tarragona (AOC)
- Terra Alta (AOC)
- Penedés (AOC)
- El cava (champagne catalan) (AOC)

5. Sans doute le meilleur vin de la région.

Burgos

Spécialités culinaires

- *El queso de Burgos* (fromage de Burgos : fromage frais à la saveur du lait de chèvre)
- *El cordero asado* (l'agneau rôti)
- *El picadillo de cerdo* (hachis de porc)
- *La morcilla* (boudin espagnol)
- *Las alubias rojas* (les haricots rouges)
- *El bacalao a la burgalesa* (morue)
- *El congrio a la arandina* (congre)
- *La ensalada de cangrejos de río* (salade d'écrevisses)

Vins

- Ribera del Duero (AOC)
- Tierra del vino (Zamora)
- Cigales (AOC)
- Valtiendas, VC
- Arribes (AOC)
- Arlanza (AOC)
- Bierzo (AOC)
- Rioja[6] (AOC)
- Rueda (AOC)
- Tierra de León (AOC)
- Toro (AOC)
- Valles de Benavente

6. La Rioja est la région la plus reconnue pour la qualité de son vin en Espagne.

- Castilla y León
- Rueda Verdejo (AOC)
- Cava (champagne)

Cordoue

Spécialités culinaires

- *El salmorejo*
- *El gazpacho* (soupe froide de légumes, excellente en été)
- *Los estofados de rabo de buey* (queue de bœuf à l'étouffée)
- *El cordero en caldereta* (petit chaudron d'agneau)
- *Los jamones de cerdo ibérico* (jambon cru)
- *La caña de lomo* (partie basse du filet de porc séchée)
- *El salchichón de Pozo Blanco* (saucisson)
- *La morcilla de Fuente Ovejuna et Hinojosa* (boudin)
- *El pastel cordobés* (gâteau à base de pâte feuilletée et *cabello de ángel* confiture de citre)
- *El membrillo de Puente Genil* (coing)
- *Los roscos de Priego* (gimblettes)
- *Los merengues de Aguilar* (meringues)
- *Los pestiños* (gâteaux frits et couverts de miel)
- *Los alfajores* (gâteaux à base de miel et amandes)
- *Los polvorones*
- *Las perrunas de manteca* (gâteaux secs dégutés à Noël)

Vins

- Montilla-Moriles (AOC)

Grenade

Spécialités culinaires

- *El jamón de Trevelez* (jambon cru de montagne)
- *El pollo con tomate* (poulet à la tomate, à déguster dans les Alpujarras)
- *Las migas alpujarrañas* (plat à base de mie de pain)
- *Los espetones* (sardines grillées)
- *La sopa fría de ajo blanco* (soupe à base d'amandes)
- *La tortilla al Sacromonte* (omelette)
- *El pollo al ajillo* (poulet à l'ail)
- *La torta real de Motril* (tourte sucrée)
- *La leche rizada de Motril* (lait avec des copeaux de glace)
- *Los pestiños de Velez* (pâtisserie frite au miel)
- *Los tocinos de Cielo* (pâtisserie à base de jaunes d'œufs)
- *Los roscos de Loja* (gimblettes)
- *Los piononos de Santa Fe* (gâteau fourré à la crème)
- *Los dulces de las monjas de Santiago*
- *Los dulces de las monjas de Santa Isabel* (gâteaux dans les deux cas)

Vins

Cf les vins de Séville et Cordoue

- Rhum de Motril

Îles Canaries

Spécialités culinaires

- *Las papas arrugadas* (pommes de terre cuisinées avec la peau dans une eau très salée, d'où leur nom signifiant littéralement « pommes de terre ridées »)

- *El mojo picón* (sauce piquante à base d'huile, d'ail et de piment)
- *El mojo cochino* (ragoût de porc à la sauce *mojo picón*)
- *El gofio* (pâte à base de farine de blé et d'orge)
- *Las morcillas dulces* (boudin à base de sang de porc, sucre, amandes et raisins secs)
- *Las calderetas de pescado* (marmite de poissons)
- *El Sancocho canario* (à base de poisson salé dans une sauce *mojo*)
- *El potaje de berros* (potage de cresson)
- *El queso del Hierro*
- *El queso de Fuerteventura*
- *Los ahumados de la Palma*
- *La flor de Guía* (fromages les plus réputés de la région)
- *El plátano* (banane)

Vins

- Abona (AOC)
- La Gomera (AOC)
- Gran Canaria (AOC)
- El Hierro (AOC)
- La Palma (AOC)
- Lanzarote (AOC)
- Tacoronte-Acentejo (AOC)
- Valle de Güímar (AOC)
- Valle de La Orotava (AOC)
- Ycoden-Daute-Isora (AOC)
- Rhum

Madrid

Spécialités culinaires

- *El cocido madrileño* (potage à base de pois chiches *garbanzos*)
- *Los callos a la madrileña* (à base de panse de bœuf)
- *La sopa de ajo* (soupe d'ail)
- *La tortilla de patata* (omelette à la pomme de terre)
- *Los espárragos de Aranjuez* (asperges d'Aranjuez)
- *El besugo al horno* (la daurade au four)
- *El bacalao* (la morue)
- *Los roscos del santo* (gimblettes dégustées à l'occasion de la fête du patron de la ville de Madrid, San Isidro, le 15 mai)

Malaga

Spécialités culinaires

- *El ajoblanco* (soupe froide à base d'huile d'olive, d'ail et d'amandes, à déguster avec du raisin blanc)
- *Las gambas a la plancha* (crevettes grillées)
- *Las almejas* (clovisses)
- *Los boquerones en vinagre* (anchois au vinaigre)
- *El rabo de toro a la rondeña* (queue de taureau)
- *El bienmesabe* (espèce de madeleine à base de sucre, d'œufs et de cannelle)
- *Los alfajores* (pâtisserie de Noël)

Pampelune

Spécialités culinaires

- *El salmón de Bidasoa* (le saumon de Bidasoa)
- *Las truchas con jamón* (truites au jambon)
- *Los requesones* (les fromages blancs)
- *Las pochas de Sangúesa* (haricots blancs)
- *El asado de cordero* (agneau grillé)
- *El asado de cabrito* (chevreau grillé)
- *El cordero en chilindrón* (agneau à la basquaise)
- *Los pimientos del pinquillo* (piments)
- *Los espárragos* (asperges)
- *Los Cogollos de Tudela* (cœur de laitue)
- *El ajoarriero* (plat à base de pommes de terre, d'ail, d'œuf et d'huile)

Vins

- El Ribeiro
- Betanzos
- Ribeira Sacra (AOC)
- Valdeorras (AOC)
- Valle del Miño-Orense
- Barbanza e Iria
- El Albariño
- El Fefiñanes
- Monterrei (AOC)
- Rías Baixas (AOC)

Saint-Jacques-de-Compostelle

Spécialités culinaires

- *Las vieiras* (coquilles Saint-Jacques)
- *El pulpo a la gallega* (poulpe revenu à l'huile d'olive)
- *El caldo de grelos* (bouillon aux légumes de la région)
- *La empanada gallega* (feuilleté au thon, tomates et poivrons)
- *La tarta compostelana* (tarte aux amandes)

Salamanque

Spécialités culinaires

- *La chafaina* (riz au chorizo)
- *Las chichas* (à base de viande de porc)
- *El cochinillo al fuego* (cochonnet rôti)
- *El hornazo* (feuilleté à la viande, chorizo, jambon et œufs durs)
- *Los chochos*[7] (gâteaux à l'anis)
- *El bollo maimón* (biscuit)
- *El queso de Hinojosa del Duero* (fromage)
- *Los jamones ibéricos de Guijuelo* (jambons crus)
- *Las alubias de la alberca* (flageolets)
- *El farinato* (charcuterie de viande blanche consommée avec des œufs sur le plat)
- *Las almendras de Santa Teresa* (amandes de Sainte-Thérèse)

---

7. Attention à ce terme argotique qui désigne… le sexe féminin. N'employez donc ce mot qu'au restaurant !

Vins

Cf les vins de Burgos

Saragosse

Spécialités culinaires

- *El bacalao al ajoarriero* (morue aux œufs et à l'ail)
- *Los huevos al salmorejo* (œufs servis avec une sauce aux asperges)
- *La longaniza de Fuentes* (saucisse)
- *El pollo a la chilindrón* (poulet basquaise)
- *El cordero a la pastora* (agneau)
- *El lomo de cerdo a la zaragozana* (échine de porc)
- *La ensalada ilustrada* (salade de la région)
- *Los turrones* (nougats)
- *Los roscones* (gimblettes)
- *El mostillo* (biscuits faits à partir de moût de vin)

Vins

- Calatayud (AOC)
- Campo de Borja (AOC)
- Cariñena (AOC)
- Somontano (AOC)
- Bajo Aragón
- Ribera del Gallego-Cinco Villas
- Valdejalón
- Valle del Cinca

- Ribeira del Jiloca
- Ribeira del Queiles
- Viñedos de España
- Cava (champagne)

Séville

Spécialités culinaires

- *El gazpacho*
- *El pescaito*[8] *frito* (poisson frit à l'huile d'olive)
- *Los huevos a la flamenca* (œufs sur le plat avec des tomates, du chorizo, etc.)
- *El cocido andaluz* (pot-au-feu à base de pois chiches et de légumes)
- *El rabo de toro* (queue de taureau)
- *Las tapas* (voir l'encadré ci-avant) :
- *Las ensaladas* (les salades)
- *Las huevas de sábalo* (œufs de poisson)
- *Los pinchos morunos* (brochettes de viande à la sauce forte et cuites au barbecue)
- *Los pavías de pescado* (morue frite)
- *Los caracoles* (escargots)
- *Las aceitunas* (les olives)
- *Las torrijas de Semana Santa* (gâteau hispano-arabe)
- *Las yemas de San Leandro* (gâteau à base de sucre et de jaunes d'œufs)

8. L'Andalou a tendance à « manger » certaines consonnes en espagnol. Ainsi, la prononciation correcte devrait être *pescadito* mais devient *pescaíto.*

Vins

- Aljarafe
- Condado de Huelva (AOC)
- Montilla-Moriles (AOC)
- Sierras de Málaga (AOC)
- Granada
- Lebrija
- Altiplano de Sierra Nevada
- Ribera del Andarax
- Etc.
- Manzanilla de Sanlúcar de Barrameda (AOC) (vin blanc très sec)
- El Jerez (AOC) (sherry ou Xérès : vin doux)
- Málaga (vin sucré)

Tolède

Spécialités culinaires

- *El cochinillo asado* (cochonnet grillé)
- *El cordero* (l'agneau)
- *El cochifrito* (mélange à base d'œufs, safran, tomates et vin blanc accompagnant le cochonnet)
- *El guiso de venado* (le ragoût de cerf)
- *El guiso de jabalí* (le ragoût de sanglier)
- *La perdiz estofada* (la perdrix à l'étouffée)
- *Las codornices en escabeche* (perdrix marinées que l'on peut aussi manger froides)
- *El conejo al ajillo* (lapin à l'ail)

- *La liebre a la cazadora* (lièvre)
- *El gazpacho manchego* (ragoût au bouillon à base de lapin, de lièvre ou de perdrix)
- *El pisto manchego* (à base de courge, poivron, tomates et oignons)
- *La pipirrana* (une recette mêlant salade et gaspacho)
- *El asadillo de la Mancha* (à base de poivrons rouges grillés)
- *Las berenjenas de Almagro* (aubergines)
- *La trucha* (la truite)
- *La anguila* (l'anguille)
- *El bacalao en salazón* (morue)
- *El atascaburras* (purée de pommes de terre, huile d'olive, ail et noix)
- *El bacalao al ajo arriero* (morue à l'ail)
- *El moje de bacalao* (morue)
- *El queso manchego*[9] (fromage au lait de brebis et de vache mélangés)
- *El mazapán* (le massepain aux formes variées)

Vins

- Almansa (AOC)
- Dominio de Valdepusa (AOC)
- Guijoso (AOC)
- La Mancha (AOC)
- Manchuela (AOC)
- Méntrida (AOC)
- Mondéjar (AOC)
- Ribera del Júcar (AOC)

---

9. S'il est un seul fromage à goûter en Espagne, privilégiez le *queso manchego*, si vous aimez le fromage de caractère.

- Valdepeñas (AOC)
- Jumilia (AOC)
- Uclés (AOC)
- Castilla
- Gálvez
- Pozohondo
- Sierra de Alcaraz
- Viñedos de España

Valence

- *La paella valenciana*
- *La fideuá* (espèce de paella à gros vermicelles)
- *El arroz negre* (ou *negro* : appelé ainsi car doit son nom à l'encre de la seiche)
- *La horchata de chufa* (boisson à base de souchet, racine des marais, très rafraîchissante en été et à déguster avec des *fartones,* gâteaux oblongs à tremper dedans).

Vins

- Alicante (AOC)
- Utiel-Requena (AOC)
- Valencia (AOC)
- Castelló
- El Terrerazo
- Viñedos de España
- Cava

La paella

Le cliché veut que l'on se précipite à Valence pour la manger... Ce n'est pas faux si l'on connaît le restaurant adéquat, à choisir de préférence dans ce cas-là vers le port plutôt que dans le centre, sauf exception. Mais la curiosité peut aussi pousser à goûter *el arroz negre* ou *arroz negro* en espagnol, riz cuit à l'encre de seiche et cuisiné essentiellement dans l'Albufera valencienne, sorte de Camargue espagnole. Dépaysement assuré aussi bien au niveau gustatif que visuel !

Par ailleurs, il est essentiel de distinguer différents genres de paellas :

- *la paella mixta*, additionnée de poulet, est la plus connue partout dans le monde, même si ce n'est pas l'originale ;
- *la paella valenciana*, la « vraie », se compose en plus du poulet, d'escargots et de légumes ;
- *la paella marinera*, enfin, est composée essentiellement de fruits de mer.

UN PEU DE VOCABULAIRE INDISPENSABLE

LA VIANDE / *LA CARNE*

Le rôti	*El asado*	él assado
Le chevreau	*El cabrito*	él cablito
Le cochon	*El cerdo*	él céldo
Le chorizo	*El chorizo*	él tcholisso
L'agneau	*El cordero*	él coldélo
Le ragoût	*El guisado/guiso*	él guissado/guisso
Le jambon	*El jamón*	él ramone
Le jambon « pata negra »	*El jamón "pata negra"*	él ramone pata negla
Le jambon de montagne	*El jamón serrano*	él ramon selano
Le canard	*El pato*	él pato
La dinde	*El pavo*	él pabo

Le poulet	*El pollo*	él poyo
Le faux-filet	*El solomillo*	él solomillo
Le gros gibier	*La caza mayor*	la cassa mayol
Le menu gibier	*La caza menor*	la cassa menol
La côtelette	*La chuleta*	la tchouleta
La tranche (viande)	*La loncha*	la lonntcha
Le boudin	*La morcilla*	la molcilla
La saucisse	*La salchicha*	la saltchitcha
La soubressade	*La sobrasada*	la soblassada
La tranche (jambon)	*La tajada*	la tarada
La volaille	*Los aves de corral*	los abés de colal

LA TABLE / *LA MESA*

Le verre	*El vaso*	él basso
Le verre à pied	*La copa*	la copa
La cuillère	*La cuchara*	la coutchala
La petite cuillère	*La cucharilla*	la coutchalilla
La louche	*El cucharón*	él coutchalone
La fourchette	*El tenedor*	él tenedlo
Le couteau	*El cuchillo*	él coutchillo
La tasse	*La taza*	la tassa
La serviette	*La servilleta*	la servilleta
La bouteille	*La botella*	la boteilla
Le tire-bouchon	*El sacacorchos*	él sacacolchosse
Le bouchon	*El tapón*	él tapone
Le pain	*El pan*	él pane
La mie	*La miga*	la miga
La croûte	*La corteza*	la cortéssa

La nappe	*El mantel*	él mantèle
Les couverts	*Los cubiertos*	los coubieltosse
La vaisselle	*La vajilla*	la barilla
Le plateau	*La bandeja*	la bandéra
L'assiette, le plat (repas)	*El plato*	él plato
Le sucrier	*El azucarero*	él asoucalélo
La salière	*El salero*	él salélo

LES BOISSONS / *LAS BEBIDAS*

L'eau gazeuse	*El agua con gas*	él agoua cone gasse
L'eau du robinet	*El agua del grifo*	él agoua dél glifo
L'eau plate	*El agua sin gas*	él agoua
L'alcool	*El alcohol*	sine gasse
L'anis	*El anís*	él anisse
Le café au lait	*El café con leche*	él café cone létché
Le café-crème	*El café manchado*	él café mantchado
Le café noir	*El café solo*	él café solo
Le café arrosé	*El carajillo*	él calarillo
Le « champagne » espagnol	*El cava*	él caba
Le champagne	*El champán*	él tchammpane
Le *fino* (vin blanc sec)	*El fino*	él fino
Le gaspacho (soupe froide le légumes)	*El gazpacho*	él gaspatcho
La boisson à la glace pilée	*El granizado*	él glanissado
Le sherry	*El jerez*	él rélésse
La liqueur	*El licor*	él licol

Le vin limé	*El tinto de verano*	él tinnto de bélano
Le vin blanc	*El vino blanco*	él bino blannco
Le vin rosé	*El vino rosado*	él bino losado
Le vin rouge	*El vino tinto*	él bino tinnto
Le jus (de fruit)	*El zumo (de frutas)*	él soumo
Le demi	*La caña*	la cagna
La bière	*La cerveza*	la cerveza
Le panaché	*La clara*	la clala
La limonade	*La gaseosa*	la gaseosa
La boisson à base de souchet (Valence)	*La horchata de chufa*	la oltchata de tchoufa
Le lait	*La leche*	la léché
La sangria	*La sangría*	la sannglilla
Le cidre	*La sidra*	la sidla
Les grands crus (Rioja...)	*Los vinos finos*	los binos finos
L'apéritif	*El aperitivo*	él apélitibo
La bière	*La cerveza*	la célbéssa
Le champagne	*El champán*	él tchammpane
Le cocktail	*El cóctel*	él coctél
Un gin tonique	*Una ginebra con tónica*	ouna rinébla cone toonica
Un gin fizz	*Un gin-fizz*	oune rine fize
Un martini	*Un martini*	oune maltini
Une pression	*Una caña*	ouna cagna
Un whisky avec :	*Un whisky con:*	oune ouiski cone:
- de la glace	*- hielo*	yelo
- de l'eau	*- agua*	agoua
- du soda	*- soda*	soda
Un Coca-Cola	*Una Coca-Cola*	ouna coca cola

Une boisson sans alcool	*Una bebida sin alcohol*	ouna bébida sine alcool
Le thé	*El té*	idem

LE POISSON / *EL PESCADO*

Le plat de poissons	*La zarzuela*[10]	la salsouela
La sardine	*La sardina*	la saldina
Le lieu	*La merluza*	la mélloussa
Le merlan	*La pescadilla*	la pescadilla
L'anchois	*El boquerón*	él boquélone
Le maquereau	*La caballa*	la cabailla
L'encornet	*El chipirón*	él chipilone
Le thon	*El atún*	él atoune
La sole	*El lenguado*	él léngouado
Le saumon	*El salmón*	él salmone
La carpe	*La carpa*	la calpa
La raie	*La raya*	la laya

LES FRUITS ET LÉGUMES / *LAS FRUTAS Y HORTALIZAS/ LOS LEGUMBRES*

Le maïs	*El maíz*	él maïsse
La fraise	*La fresa*	la fréssa
La pêche	*El melocotón*	él melocotones
La courge	*La calabaza*	la calabaza
L'orange	*La naranja*	la nalannra

10 . C'est un plat servi avec des croûtons frits à base de poissons de roche, de fruits de mer et de calamars, le tout mijoté dans une sauce à base de tomates, de safran, d'ail et de persil.

La pomme	*La manzana*	la mannsana
La poire	*La pera*	la péla
L'épi	*La mazorca*	la massolca
L'agrume	*El cítrico*	él citlico
La datte	*El dátil*	él dátil
Les légumes verts	*Las verduras*	las béldoulas
La pomme de terre	*La patata*	la patata
Les frites	*Las patatas fritas*	las patatas flitas
La salade	*La ensalada*	la énsalada
Les petits pois	*Los guisantes*	los guisantes
Les pois chiches	*Los garbanzos*	los galbannsos
Les haricots	*Las judías*	las roudillas
Le chou-fleur	*La coliflor*	la coliflol
L'épinard	*La espinaca*	la éspinaca
L'artichaut	*La alcachofa*	la alcatchofa
L'asperge	*El espárrago*	él éspallago
Le poivron	*El pimiento*	él pimiénto
Le cornichon	*El pepinillo*	él pépinillo
Le pamplemousse	*El pomelo*	él pomélo
L'aubergine	*La berenjena*	la bélénrena
La courgette	*El calabacín*	él calabassine
Le concombre	*El pepino*	él pépino
La pastèque	*La sandía*	la sandilla
Le raisin	*La uva*	la ouba
La tomate	*El tomate*	él tomaté
Le blé	*El trigo*	él tligo
Le riz	*El arroz*	él alosse
L'avocat	*El aguacate*	al agouacaté
La framboise	*La frambuesa*	la flambouéssa

La cerise	*La cereza*	la céléssa
La cerise (du gâteau)	*La guinda*	la guinnda
Le haricot	*La habichuela*	la abitchouéla
La prune	*La ciruela*	la cirouéla
La noisette	*La avellana*	la abéliana
La carotte	*La zanahoria*	la sanaholia
L'ananas	*La piña*	la pigna
Le poireau	*El puerro*	él puello
La laitue	*La lechuga*	la létchouga
L'amande	*La almendra*	la alméndla
Le romarin	*El romero*	la lomélo
L'oignon	*La cebolla*	la cébolia
L'ail	*El ajo*	él aro
Le laurier	*El laurel*	él laourél
Les lentilles	*Las lentejas*	las lénteras
Le melon	*El melón*	él melone
La noix	*La nuez*	la nouesse

LES REPAS / *LAS COMIDAS*

Le petit déjeuner	*El desayuno*	él déssayouno
Le casse-croûte (11 heures)	*El almuerzo*	él almouersso
Le repas	*La comida*	la comida
Le dîner	*La cena*	la céna

LES CONDIMENTS / *LOS CONDIMENTOS*

L'huile	*El aceite*	él asséité
Le vinaigre	*El vinagre*	él vinagre
La moutarde	*La mostaza*	la mostaza
Le poivre	*La pimienta*	la pimiénnta
Les épices	*Las especias*	lasse espéciasse
La glace	*El helado*	él élado
Le safran	*El azafrán*	él assafrane
La mayonnaise	*La mayonesa*	la mayonéssa
Le sel	*La sal*	la sal

LE PAIN / *EL PAN*

La baguette	*La barra*	la balla
Le pain de mie	*El pan de molde*	él pane dé moldé
Le sandwich	*El bocadillo*	él bocadillo

LES SPÉCIALITÉS CULINAIRES / *ESPECIALIDADES CULINARIAS*

Le nougat	*El turrón*	él tulone
Le gâteau sec de Noël	*El polvorón*	él polbolone
L'omelette	*La tortilla*	la toltilia
Les graines salées de tournesol	*Las pipas*	las pipas
Le feuilleté (ou friand)	*La empanada*	la émpanada
Le gâteau à base d'amande	*El mazapán*	él massapane

La galette des Rois (une espèce de)	*El roscón de Reyes*	él loscone de léyés
Les brochettes de viande	*Los pinchos morunos*	losse pintchos molunosse
Le dessert	*El postre*	él postlé
Les pâtisseries	*Las pastas*	lasse pastasse
Le gâteau	*El pastel*	él pastél
La tarte	*La tarta*	la talta

4. LE TOURISME / *EL TURISMO*

Arriver dans une grande ville d'un pays inconnu avec un lexique limité peut impressionner. Fort heureusement, des syndicats d'initiative fleurissent dans les centres.
Voici quelques phrases pour ne rien manquer de votre voyage en Espagne.

À L'OFFICE DU TOURISME / *EN LA OFICINA DE TURISMO*

À quelle heure et où cela a-t-il lieu ?
¿A qué hora y dónde tiene lugar?

Comment aller à la cathédrale ?
¿Cómo ir a la catedral?

Quelles sont les principales curiosités de la ville s'il vous plaît ?
¿Cuáles son las principales curiosidades de la ciudad por favor?

Quels sont les horaires de...? *¿Cuáles son los horarios de...?*

Combien de temps met-on pour y aller à pied ?
¿Cuánto tiempo se tarda para ir allí andando?

Combien vaut le billet d'entrée ?
¿Cuánto vale el ticket de entrada?

Est-ce loin d'ici ? *¿Dista mucho de aquí?*

Où prend-on le bus ? *¿Dónde se coge el autobús?*

Où se trouve le quartier pour faire la fête ici ?
¿Dónde se encuentra el barrio para ir de marcha aquí?

Où se trouve l'embarcadère ?
¿Dónde se encuentra el embarcadero?

Où peut-on rencontrer des jeunes ?
¿Dónde están los jóvenes aquí?

Où peut-on trouver un lieu pittoresque ?
¿Dónde se puede encontrar un lugar pintoresco?

Où peut-on faire les courses ? *¿Dónde se puede ir de compras?*

Est-ce ouvert le dimanche ? *¿Está abierto el domingo?*

Le musée de... est-il ouvert aujourd'hui ?
¿Está abierto el museo de... hoy?

Y a-t-il des circuits en bateau ? Combien de temps durent-ils ?
¿Hay circuitos con barcos? ¿Cuánto tiempo dura?

Y a-t-il des festivals propres à la ville ?
¿Hay unos festivales propios a la ciudad?

Pouvez-vous m'indiquer les excursions à faire dans la ville ?
¿Me puede indicar las excursiones que se pueden hacer en la ciudad?

Pouvez-vous me le montrer sur le plan ?
¿Puede enseñármelo en el mapa?

Pouvez-vous le cocher sur le plan ?
¿Puede tacharlo en el mapa?

Puis-je acheter les billets ici ? *¿Puedo comprar los billetes aquí?*

Peut-on prendre un bateau pour visiter la ville ?
¿Se puede coger un barco para visitar la ciudad?

Peut-on faire une réservation depuis cet office ?
¿Se puede hacer una reserva desde esta oficina?

Peut-on y aller à pied ? *¿Se puede ir allí andando?*

Peut-on y aller en bus ? *¿Se puede ir allí en bus?*

Avez-vous des dépliants touristiques sur la ville ?
¿Tiene folletos turísticos acerca de la ciudad?

Avez-vous un plan gratuit de la ville ?
¿Tiene un mapa gratuito de la ciudad?

Je suis intéressé par la peinture / l'architecture.
Me interesa la pintura / la arquitectura.

Je voudrais un plan des lignes de bus urbains.
Quisiera un plan de las líneas de buses urbanos.

Conseils utiles pour ne pas se perdre

Même si la circulation s'est considérablement améliorée dans les grandes villes espagnoles, certains endroits ont leurs particularités, et y circuler avec son véhicule n'est pas toujours chose aisée. Ainsi, ne soyez pas surpris si on vous klaxonne alors que le feu est encore rouge dans la ville de Valence par exemple : une coutume locale consiste en effet à passer au... rouge avant que le feu ne passe au vert. Un timing difficile à la fois à cerner et à appliquer au regard de nos lois françaises plus coercitives. Si vous le pouvez, garez donc la voiture à l'extérieur de la ville et rejoignez celle-ci en bus ou en métro[1], vous en apprécierez davantage l'architecture et l'ambiance tout simplement.
Si vous vous perdez, pas de panique. Pour peu que vous montriez à l'habitant de la péninsule votre effort à parler l'espagnol, on vous indiquera le chemin avec plaisir et vous pourrez continuer votre flânerie dans la ville de votre choix...

1. Voir le chapitre consacré aux transports p. 39.

EN EXCURSION / *DE EXCURSIÓN*

À quelle heure et de quel endroit commence l'excursion ?
¿A qué hora y de dónde sale la excursión?

À quelle heure et où termine le circuit ?
¿A qué hora y dónde termina el circuito?

Combien de temps dure le circuit ?
¿Cuánto tiempo dura el circuito?

Faut-il laisser un pourboire ? *¿Es necesario dar una propina?*

Le repas est-il inclus dans le prix ?
¿Está incluida la comida en el precio?

Le guide parle-t-il français ? *¿Habla francés el guía*[2]*?*

Pouvez-vous m'indiquer le parcours de cette excursion ?
¿Puede indicarme el recorrido de esta excursión?

Puis-je emprunter ce circuit depuis mon hôtel... ?
¿Puedo tomar este circuito desde mi hotel...?

Le circuit fait-il une halte à... ? *¿Se para el circuito en...?*

Auriez-vous un circuit qui passe par... ?
¿Tendría un circuito que pasa por...?

Avez-vous des circuits d'une journée / d'une demi-journée / le matin / l'après-midi / la nuit ?
¿Tiene circuitos de un día / de un medio día / por la mañana / por la tarde / por la noche?

---

2. Le terme *guía*, lorsqu'il est féminin, indique le précieux *Lonely Planet* ou tout autre *Michelin* ou *Guide du routard* que vous aurez pris la peine d'emporter avec vous, c'est-à-dire le guide format papier.

Je voudrais des prospectus sur les excursions.
Quisiera folletos sobre las excursiones.

AVEC LE GUIDE DANS UNE EXCURSION / *CON EL GUÍA EN UNA EXCURSIÓN*

À quelle heure est le rendez-vous dans le bus ?
¿A qué hora es la cita en el bus?

Comment s'appelle ce bois / cette montagne / cette rivière / ce village / ce lac / cette plage / cette ville ?
¿Cómo se llama este bosque / esta montaña / este río / este pueblo / este lago / esta playa / esta ciudad?

Quelle est la hauteur de cette église / cette maison / ce château ?
¿Cuál es la altura de esta iglesia / esta casa / este castillo?

Quand arriverons-nous ? *¿Cuándo llegaremos?*

Combien de temps allons-nous rester ici ?
¿Cuánto tiempo nos quedaremos aquí?

De quelle époque est-ce ? *¿De qué época es?*

Pouvez-vous me prendre en photo ? *¿Puede sacarme una foto?*

Quel est ce monument ? *¿Qué es este monumento?*

Qu'est-ce que c'est ? *¿Qué es esto?*

Qui a construit ce monument ?
¿Quién construyó este monumento?

Qui habitait ici ? *¿Quién vivía aquí?*

Je peux prendre des photos ? *¿Puedo sacar fotos?*

Sur combien de kilomètres s'étend-il/elle ?
¿Sobre cuántos kilómetros se extiende?

Avons-nous le temps de prendre des photos / faire les courses / manger quelque chose / aller aux toilettes ?
¿Tenemos tiempo para sacar fotos / ir de compras / comer algo / ir al servicio?

Je suis arrivé en retard au départ de l'excursion : que puis-je faire ?
He llegado tarde a la salida de la excursión: ¿qué puedo hacer?

Merci beaucoup, nous avons passé une journée très agréable.
Muchas gracias, hemos pasado un día muy agradable.

Je voudrais annuler ma réservation d'excursion.
Quisiera cancelar mi reserva de excursión.

DEMANDER SON CHEMIN / *PEDIR CAMINO*

Excusez-moi mais comment va-t-on au musée de... ?
Dispense usted pero ¿cómo se va al museo de...?

Comment peut-on se rendre à cette adresse ?
¿Cómo se puede llegar a esta dirección?

Jusqu'où mène cette rue ? *¿Hasta dónde lleva esta calle?*

Pouvez-vous me dire où se trouve... ?
¿Puede decirme dónde se encuentra...?

Allez tout droit.
Retournez d'où vous venez.
Tournez à gauche au coin de la rue / à droite au feu.
Vaya recto.
Vuelva de donde viene.
Gire a la izquierda en la esquina / a la derecha al tercer semáforo.

Quel autobus faut-il prendre pour aller à... ?
¿Qué autobús hay que coger para ir a...?

Peut-on aller à... en marchant ?
¿Se puede ir a... andando?

Où se trouve l'arrêt de bus ?
¿Dónde se encuentra la parada de bus?

Dans combien d'arrêts devrai-je descendre ?
¿Dentro de cuántas paradas tendré que bajar?

Combien de temps faut-il pour aller à... en marchant ?
¿Cuánto tiempo se tarda para ir a... andando?

Y a-t-il un bureau de poste dans le quartier ?
¿Hay correos en el barrio?

Suivez-moi. *Sígame.*

... est-il/elle loin ? *¿Está lejos...?*

Faut-il continuer tout droit ? *¿Hay que seguir recto?*

Est-ce à droite ou à gauche ?
¿Se encuentra a mano derecha o izquierda?

Nous sommes perdus. *Estamos perdidos.*

Où sommes-nous ? *¿Dónde estamos?*

Comment s'appelle cette rue ? *¿Cómo se llama esta calle?*

Pouvez-vous me montrer où nous sommes ?
¿Puede enseñarme dónde estamos?

Pouvez-vous nous dessiner un plan ?
¿Puede dibujarnos un plan?

Quel est ce bâtiment ? *¿Qué es este bloque?*

Y a-t-il des toilettes par ici ? *¿Hay servicios por aquí?*

Je voudrais utiliser des toilettes. *Quisiera utilizar servicios.*

AU MUSÉE / *EN EL MUSEO*

À quelle heure commence la visite guidée ?
¿A qué hora empieza la visita guiada?

Combien vaut le billet d'entrée ?
¿Cuánto vale el ticket de entrada?

Où est la cafétéria ? *¿Dónde está la cafetería?*

Où se trouve la sortie ? *¿Dónde está la salida?*

Où se trouve le magasin de souvenirs ?
¿Dónde está la tienda de recuerdos?

Où sont les tableaux de... ? *¿Dónde están los cuadros de...?*

Où peut-on l'acheter ? *¿Dónde se puede comprar?*

Jusqu'à quelle heure est ouvert le musée ?
¿Hasta qué hora está abierto el museo?

Y a-t-il un endroit où on peut manger ?
¿Hay algún lugar en el que se puede comer?

Y a-t-il des toilettes dans le musée ? *¿Hay aseos en el museo?*

Pouvez-vous garder mes bagages ?
¿Puede guardar mi equipaje?

Quel est ce tableau ? *¿Qué es este cuadro?*

Qui a peint ce tableau ? *¿Quién pintó ese cuadro?*

Peut-on entrer avec ça ? *¿Se puede entrar con eso?*

Peut-on entrer par ici ? *¿Se puede entrar por aquí?*

Avez-vous un prospectus sur le musée ?
¿Tiene algún folleto del museo?

Avez-vous des dépliants gratuits ?
¿Tiene folletos gratuitos?

Avez-vous des tickets moins chers pour étudiants / retraités ?
¿Tiene tickets más baratos para estudiantes / jubilados?

Vendez-vous des cartes postales ? *¿Vende postales?*

Un billet pour étudiant s'il vous plaît.
Un ticket para estudiante por favor.

PRENDRE DES PHOTOS / *SACAR FOTOS*

Peut-on prendre des photos ici ? *¿Se pueden sacar fotos aquí?*

Pouvez-vous me prendre en photo ? *¿Puede sacarme una foto?*

Vous avez juste à appuyer sur le bouton.
Solo tiene que apretar el botón.

Peut-on utiliser le flash ? *¿Se puede utilizar el flash?*

Peut-on prendre une photo avec vous et avec moi ?
¿Se puede sacar una foto con usted y conmigo?

Puis-je vous prendre en photo ? *¿Puedo sacarle una foto?*

Une autre s'il vous plaît. *Otra por favor.*

Tu peux m'envoyer la photo sur WhatsApp ?
¿Puedes mandarme la foto en WhatsApp?

Pouvez-vous écrire votre adresse ici ?
¿Puede escribir su dirección aquí?

Où vend-on des cartes-mémoire ?
¿Dónde se venden tarjetas de memoria?

Mon obturateur a l'air cassé.
Mi obturador parece averiado.

J'ai fait tomber mon appareil photo.
Se me ha caído la cámara de fotos.

Photos, tourisme et pickpockets

• En règle générale, si vous désirez que l'on vous tire le portrait, ayez du bon sens dans le choix de votre photographe éphémère. Par ailleurs, si vous souhaitez garder le contact avec l'habitant et échanger vos coordonnées, le plus simple est d'ouvrir un compte WhatsApp, messagerie la plus plébiscitée par les Espagnols.

• En ce qui concerne les musées et sites touristiques à ne pas manquer, ils sont pléthoriques en Espagne depuis que celle-ci a compris que face à la concurrence des pays de l'Est, elle ne pouvait plus compter exclusivement sur le *turismo de sol y playa* (« tourisme de soleil et de plage »). Vous pouvez donc visiter les joyaux que sont, entre autres choix, l'incontournable Prado ou encore le Thyssen ou le centre Reina Sofía de Madrid. Pour les amateurs d'art moderne, le Musée européen d'art moderne de Barcelone, le Guggenheim de Bilbao, l'Institut valencien d'art moderne de Valence... Vous l'aurez compris : l'Espagne est un paradis si vous aimez l'art.

Autres points non négligeables : depuis quelques années, l'Espagne oriente son offre touristique vers le patrimoine, très riche en ce qui concerne ses vestiges historiques, mais également ses paysages et son terroir variés. On ne saurait que trop vous conseiller d'aller faire un petit tour du côté de La Rioja si vous êtes amateur de bons vins...

• Attention enfin à l'entrée des musées. Parfois des voleurs à la tire peuvent vider votre sac à dos sans que vous ne vous en rendiez compte tout en vous serrant de près. L'idéal est de ne rien porter de valeur et de garder vos biens dans vos poches de devant, beaucoup moins accessibles.

AU SPECTACLE / *EN EL ESPECTÁCULO*

À quelle heure commence / finit le spectacle ?
¿A qué hora empieza / termina el espectáculo?

Comment s'appelle le chef d'orchestre / l'acteur / l'actrice / le metteur en scène / le musicien ?
¿Cómo se llama el director de orquesta / el actor / la actriz / el realizador / el músico?

Quel est le programme d'aujourd'hui ?
¿Cuál es el programa de hoy?

Quel est le film qui a du succès en ce moment ?
¿Cuál es la película que tiene éxito últimamente?

Quand a lieu le concert ? *¿Cuándo tiene lugar le concierto?*

Combien coûte la place la plus chère / la moins chère ?
¿Cuánto vale el sitio más caro / más barato?

Où se trouve cette place s'il vous plaît ?
¿Dónde se encuentra este sitio por favor?

Où peut-on retirer le billet ?
¿Dónde se puede recoger el ticket?

L'entrée aux spectacles est-elle comprise dans le prix ?
¿Está incluida en el precio la entrada de los espectáculos?

Faut-il porter un costume pour aller au concert ?
¿Hace falta llevar un traje para ir al concierto?

Jusque quand y a-t-il des représentations ?
¿Hasta cuándo hay representaciones?

Y a-t-il un magazine avec les spectacles dans cette ville ?
¿Hay alguna revista con los espectáculos en esta ciudad?

Y a-t-il des excursions avec des spectacles ?
¿Hay excursiones con espectáculos?

Y a-t-il des places pour ce soir ? *¿Hay sitios para esta noche?*

Pour quand reste-t-il des places ? *¿Para cuándo quedan sitios?*

Que donne-t-on à l'opéra aujourd'hui ?
¿Qué hay en la ópera hoy?

Reste-t-il des places ? *¿Quedan sitios?*

Est-il possible d'avoir le billet d'entrée maintenant ?
¿Se puede tener el ticket de entrada ahora mismo?

Peut-on voir un cirque en ville ?
¿Se puede ver un circo en la ciudad?

Avez-vous des billets pour le spectacle d'aujourd'hui ?
¿Tiene billetes para el espectáculo de hoy?

Avez-vous des places au premier rang ?
¿Tiene sitio en el primer rango?

Je voudrais réserver deux places s'il vous plaît.
Quisiera reservas dos asientos por favor.

Je voudrais voir un concert de musique classique.
Quisiera ver un concierto de música clásica.

Je voudrais voir un ballet / un opéra / un film / un concert.
Quisiera ver un ballet / una ópera / un película / un concierto.

Il a lieu ce soir / demain / après-demain.
Tiene lugar esta noche / mañana / pasado mañana.

LE BINGO ET AUTRES JEUX / *EL BINGO Y OTROS JUEGOS*

À quelle heure ouvre le bingo / le casino ?
¿A qué hora abre el bingo / el casino?

Comment joue-t-on à ce jeu ? *¿Cómo se juega a este juego?*

Où peut-on échanger les jetons ?
¿Dónde se hace el cambio de las fichas?

Y a-t-il des conditions spéciales pour entrer dans un casino / un bingo ?
¿Hay condiciones especiales para entrar en un casino / un bingo?

Pouvez-vous me changer vingt euros en jetons s'il vous plaît ?
¿Puede cambiarme veinte euros en fichas por favor?

Pouvez-vous m'indiquer un bon bingo / casino ?
¿Puede indicarme un buen bingo / casino?

Quel genre de jeux y a-t-il ici ? *¿Qué tipo de juegos hay aquí?*

Peut-on voir comment on joue ? *¿Se puede ver cómo jugar?*

Avez-vous quelque chose à boire ? *¿Tiene algo de beber?*

Je recommence à jouer. *Empiezo de nuevo a jugar.*

Alors je mets deux jetons sur ce numéro.
Entonces pongo dos fichas en este número.

Je voudrais essayer les cartes / la roulette / les jeux de dés / la machine à sous / le blackjack.
Quisiera probar los naipes / la ruleta / los juegos de dados / el tragaperras / el blackjack.

Je voudrais que vous me remboursiez mes jetons.
Quisiera que me reembolsara mis fichas.

On échange les jetons à cette caisse là-bas.
Se hace el cambio de las fichas en aquella caja.

Je continue comme ça. *Sigo así.*

Vous devez simplement placer vos jetons sur les numéros désirés.
Sólo tiene que colocar sus fichas en el número deseado.

Ça suffit, j'arrête. *Ya está bien, me paro.*

La ludopathie, c'est grave, docteur ?

En Espagne, entre 500 000 et 800 000 personnes souffrent des troubles de ludopathie, c'est-à-dire une dépendance forte au jeu. En cause, la facilité avec laquelle on peut jouer son argent, depuis *la quiniela, la once*[3] et autres loteries présentes partout, au bingo, sorte de casino mais plus accessible et moins collet monté que le casino français. Les bingos sont une vraie institution en Espagne. À l'instar des bookmakers anglais, ils sont présents dans de nombreux endroits et fédèrent une grande quantité d'Espagnols le dimanche. Sans entrer dans le détail des règles du jeu qui peuvent varier d'un bingo à l'autre, elles s'apparentent au loto-bingo français par leur simplicité (carton de 24 numéros sur lequel on positionne des jetons) et mettent tout le monde sur un pied d'égalité en termes statistiques, sans pour autant occulter suspense et longueur de jeu, le tout dans une ambiance conviviale.

Le *Sorteo Extraordinario de Navidad*, également connu sous le nom de *Lotería de Navidad*, est célébré en Espagne chaque 22 décembre. Créé en 1812, en pleine Guerre d'indépendance, il n'a jamais connu d'interruption. Traditionnellement célébré dans la salle de tirages de *Loterías y Apuestas del Estado* à Madrid, il a dû déménager en 2010, rançon de la gloire, vers d'autres sites madrilènes de plus grande capacité : palais des Congrès, Théâtre royal... Chaque billet est divisé en *décimos* (dixièmes) qui peuvent être achetés individuellement. Les numéros gagnants sont sélectionnés au hasard à l'aide de deux boules rotatives en présence d'un grand public et scandés par des enfants triés sur le volet qui chantent le numéro gagnant. Les prix de la *Lotería de Navidad* sont très élevés, et le premier

3. *Organización Nacional de Ciegos Españoles*, un peu le pendant de la Française des jeux quant au caractère « humain » de ces organisations qui reversent une partie des sommes engrangées à des personnes souffrant de handicap physique.

prix appelé, *El Gordo* (le gros lot), est le plus élevé : quatre millions d'euros. Chaque *décimo* rapporte quatre cent mille euros.
Outre cette date phare, le deuxième tirage le plus important après celui de Noël est le *Sorteo Extraordinario del Niño* qui a lieu chaque 6 janvier, *Día de Reyes*, c'est-à-dire le jour des Rois mages. Les jeux sont faits, rien ne va plus !

SORTIR EN DISCOTHÈQUE / *SALIR EN DISCOTECA*

À quelle heure ouvre la discothèque ?
¿A qué hora abre la discoteca?

À quelle heure ferme la discothèque ?
¿A qué hora cierra la discoteca?

Y a-t-il beaucoup de monde aujourd'hui en discothèque ?
¿Hay mucha gente hoy en discoteca?

Y a-t-il beaucoup de jeunes dans cette discothèque ?
¿Hay muchos jóvenes en esta discoteca?

Quel genre de musique y a-t-il dans cette discothèque ?
¿Qué tipo de música hay en esta discoteca?

Peut-on se rendre à pied à cette discothèque à partir d'ici ?
¿Se puede ir andando a esta discoteca desde aquí?

La même boisson s'il vous plaît. *La misma bebida por favor.*

De la musique avant toute chose...

Que vous vouliez écouter ou danser sur de la musique techno, jazz, flamenco, rock, punk, etc., l'Espagne ne manque pas d'atouts pour vous séduire. Il y en a donc pour tous les goûts, pas de panique !
Bien sûr, si vous êtes mineur de moins de 18 ans, la discothèque vous refusera avec raison l'entrée et toute consommation d'alcool.
Depuis peu, les discothèques du centre-ville ouvrent plus tard dans la nuit, souvent après minuit, et ce jusqu'au petit matin, jusqu'à 6 heures ou plus tard, surtout les week-ends et les jours fériés. Nous vous conseillons toutefois de vérifier les horaires d'ouverture de chaque établissement, car ils peuvent varier selon la réglementation de chaque ville et la saison à laquelle vous vous rendrez en Espagne.
Si vous désirez toutefois rentrer avant la fermeture sans en avoir les moyens physiques ou mentaux, n'hésitez pas à prendre l'une des nombreuses lignes de bus nocturnes sillonnant la ville et mis à disposition spécifiquement pour les couche-tard un peu éméchés.
Souvenez-vous enfin que malgré la pratique discutable du *botellón* – jeunes gens se concentrant dans les villes pour boire jusqu'à plus soif –, la consommation d'alcool sur la voie publique n'est autorisée qu'aux terrasses des cafés.
Enfin, si l'envie de piquer une petite tête après toutes ces affres vous traverse l'esprit, vérifiez bien qu'il n'y a pas de restriction d'accès à la plage.

AU STADE / *EN EL ESTADIO*

À quelle heure commence la partie ?
¿A qué hora empieza el partido?

Combien coûte un billet pour la partie d'aujourd'hui ?
¿Cuánto vale un ticket para el partido de hoy?

Où paie-t-on ? *¿Dónde se paga?*

Où peut-on acheter un tee-shirt de l'équipe ?
¿Dónde se pueden comprar camisetas del equipo?

Où peut-on retirer les billets ?
¿Dónde se pueden sacar los tickets?

Où a lieu la partie d'aujourd'hui ?
¿Dónde tiene lugar el partido de hoy?

Y a-t-il quelqu'un à cette place ? *¿Hay alguien en este sitio?*

Y a-t-il un autobus pour rentrer en ville après le match ?
¿Hay algún autobús para volver a la ciudad después del partido?

Y a-t-il un match de foot aujourd'hui ?
¿Hay un partido de fútbol hoy?

Par où peut-on aller au stade ?
¿Por dónde se puede ir al estadio?

Qui est en train de mener ? *¿Quién está ganando?*

Quelles équipes jouent aujourd'hui ?
¿Quiénes son los equipos que juegan hoy?

Peut-on réserver des places pour la partie ?
¿Se puede reservar sitios para el partido?

Même si nous sommes séparés, nous achetons les billets.
Aunque estemos separados, compramos los tickets.

Je voudrais deux billets pour le match de demain.
Quisiera dos tickets para el partido de mañana por favor.

J'ai fait une réservation dont le numéro est...
Tengo una reserva cuyo número es...

Un sandwich et une limonade s'il vous plaît.
Un bocadillo y una gaseosa por favor.

La passion du ballon rond

La culture du football est très ancrée en Espagne même si le nombre de pratiquants est beaucoup moins élevé qu'en France. On le regarde donc plus qu'on ne le pratique, et les équipes s'affrontent qui au Camp Nou de Barcelone, qui à Santiago Bernabeu à Madrid. Parallèlement à ces deux monstres aux contenances respectives de 98 000 et 80 000 places, il existe d'autres stades dans la capitale catalane et madrilène capables d'accueillir 50 000 spectateurs chacun. Dans ce contexte, deux frères ennemis n'ont de cesse de s'affronter : le Barça (FC Barcelone) et le Real Madrid. Si ce dernier a été sacré 35 fois champion d'Espagne face au Barça (26 fois), n'oublions pas qu'il a longtemps été le fer de lance du franquisme face à la revendication identitaire catalane, ce qui place la passion du ballon rond bien au-delà du simple événement sportif. Si vous en avez l'occasion, ne manquez donc pas une rencontre entre ces deux grands, ou même entre des équipes plus modestes mais tout aussi séduisantes comme l'Espanyol de Barcelone, l'Atlético de Madrid, ou encore celles de la Corogne ou de Valence, reconnues pour la plupart au niveau européen. Amusement garanti si vous êtes un inconditionnel.

JOUER AU GOLF / *JUGAR AL GOLF*

Combien cela coûte-t-il par jour ? *¿Cuánto vale al día?*

Combien est-ce par personne ? *¿Cuánto vale por persona?*

Le transport aller-retour est-il inclus ?
¿Está incluido el transporte ida y vuelta?

Y a-t-il d'autres frais ? *¿Hay otros gastos?*

Y a-t-il un terrain de golf près d'ici ?
¿Hay un campo de golf cerca de aquí?

Pouvons-nous partir à neuf heures ?
¿Podemos salir a las nueve?

Peut-on louer l'équipement ?
¿Se puede alquilar el equipamiento?

Avez-vous une voiture de golf ? *¿Tiene coche de golf?*

Avez-vous un club et des balles ? *¿Tiene palo y pelotas?*

Je voudrais jouer au golf. *Quisiera jugar al golf.*

Féru de golf ?

Qui a jamais entendu parler de Severiano Ballesteros, grand champion de golf ? Mais l'Espagne ne se contente pas de produire des champions. À l'inverse de nombreux pays européens peu développés à ce niveau, elle a su depuis 120 ans consacrer des efforts afin de proposer un espace de qualité en ce qui concerne le golf et se placer ainsi au quatrième rang européen quant à la qualité de ses infrastructures. L'une des conséquences directe de ces efforts eut lieu par exemple en 1997 lorsque le pays accueillit la Ryde Cup puis, une dizaine d'années plus tard, de nombreux tournois européens. Si vous êtes un féru de ce sport, vous serez enchanté par la variété des terrains présents sur le territoire – plus de 300 – et le plus souvent dans le Sud, ce qui permet de bénéficier de conditions climatiques très agréables. Si vous craignez la chaleur, les terrains situés vers la frontière portugaise ou de la mer cantabrique pourront vous séduire par leur climat plus tempéré. Des architectes de haute volée ont conçu des paysages pour tous les niveaux de joueurs et des installations modernes : restaurants, spas, hôtels etc.
Nous vous conseillons enfin de réserver les parcours de golf à l'avance, surtout de mars à octobre, car les places sont prisées. Sachez enfin qu'il existe des formules qui comprennent l'hébergement, les *green fees* et autres services.
Seule ombre au tableau : le coût hydrique que représentent ces paradis.

UN PEU DE VOCABULAIRE INDISPENSABLE

LA VILLE / *LA CIUDAD*

L'office de tourisme	*La oficina de turismo*	la oficina dé tourismo
Le commissariat	*La comisaría*	la comissarilla
La fontaine	*La fuente*	la fuénté
La ruelle	*La callejuela*	la caillérouéla
L'hôpital	*El hospital*	él hospital
Continuer tout droit	*Seguir recto*	séguir lécto
Le locataire	*El inquilino*	él innquilino
Le coin (de la rue)	*La esquina*	la ésquina
Le feu de signalisation	*El semáforo*	él sémaforo
La chaussée	*La calzada*	la calssada
Le marché aux puces	*El rastro*	él lastlo
Le lycée	*El instituto*	él innstitouto
Le pavé (pierre)	*El adoquín*	él adoquine
La piste cyclable	*El carril bici*	él calil bici
Le lotissement	*La urbanización*	la ourbanissassione
Le faubourg	*El arrabal*	él alabal
L'hôtel de ville	*El ayuntamiento*	él ayountamiénto
Le bail	*El arrendamiento*	él aléndamiénto
La vitrine	*El escaparate*	él éscapalaté
L'école	*La escuela*	la éscouela
La caution	*La fianza*	la fiannssa
Faire le marché	*Hacer la plaza*	hacél la plassa
Tourner au coin de la rue	*Doblar la esquina*	doblal la ésquina
Le centre commercial	*El centro comercial*	él céntlo comélcial
La rue	*La calle*	la caillé

Le centre historique	*El casco antiguo / el casco viejo*	él casco antigouo / él casco biero
Le carrefour	*La encrucijada / el cruce*	la éncloucirada / él cloussé
Le trottoir	*La acera*	la acéla
L'embouteillage	*El atasco*	él atasco
Le stade	*El estadio*	él estadio
Le marché	*El mercado*	él mélcado
Tourner : - à gauche - à droite	*Girar / torcer:* *- a la derecha* *- a la izquierda*	rilal / tolcél : - a la deletcha - a la issquielda
Le réverbère	*El farol*	él falol
L'amende	*La multa*	la moulta
Le rond-point	*La glorieta*	la gloliéta
L'impasse	*El callejón sin salida*	él caillerone sin salida
Le parcmètre	*El expendedor de la hora*	él expéndedol de la ola
La poste	*La oficina de correos*	la oficina de coleosse
La station-service	*La gasolinera*	la gassolinela
Le lampadaire	*La farola*	la falola
La promenade	*El paseo*	él passéeo
Le pâté de maisons	*La manzana*	la manssana
Le distributeur de billets	*El cajero automático*	él carélo aoutomatico
Le faubourg	*El suburbio*	él souboulbio
Le boulevard périphérique	*La circunvalación*	la cilcoubalasionne
Le centre-ville	*El centro ciudad / el casco urbano*	él céntlo cioudade él casco ulbano
La maison	*La casa*	la cassa

La location	*El alquiler*	él alquilèle
L'avenue	*La avenida*	la abénida
Le dernier étage (terrasse)	*El ático*	él attico
La zone piétonne	*La zona peatonal*	la sona péatonal
Le musée	*El museo*	él mousséo
Le théâtre	*El teatro*	él téatlo
Traverser la rue	*Cruzar la calle*	cloussal la caillé
La boîte aux lettres	*El buzón*	él boussone
Le parking	*El aparcamiento*	él apalcamiénto
Le gazon	*El césped*	él cesspéd
Le permis de conduire	*El carné de conducir*	él calné dé condoussil
L'impasse	*El callejón sin salida*	él caillerone sine salida
Le pont	*El puente*	él pouénté
Le métro	*El metro*	él métlo
Le magasin	*El almacén*	él almassène
Le logement	*La vivienda*	la bibiénda
Le bâtiment	*El bloque / el edificio*	él bloqué / él édificio
Le plan	*El mapa*	él mapa
La grand-rue	*La calle mayor*	la caillé mayol
Le jardin	*El jardín*	él rardine
La banlieue	*Las afueras*	lasse afouélas
L'arrêt d'autobus	*La parada de autobuses*	la palada dé aoutoboussés
La bouche de métro	*La boca del metro*	la boca dél métlo
L'appartement	*El piso / el apartamento*	él pisso / él apaltaménto

Le tramway	*El tranvía*	él tranebiya
Le parc	*El parque*	él palqué
La gare : - ferroviaire - routière	*La estación:* *- de trenes* *- de autobuses*	la éstacione : - dé tlénés - dé aoutoboussés
L'enseigne	*El rótulo*	él lotoulo
L'égout	*La alcantarilla*	la alcantalilla
Le pavé (rue)	*El adoquinado*	él adoquinado
Le château	*El castillo*	él castillo
Le palais	*El palacio*	él palacio
La cathédrale	*La catedral*	la catédlal
La mosquée	*La mezquita*	la méssquita
L'abbaye	*La abadía*	la abadilla
Le petit palais	*El palacete*	él palacété
Le quartier	*El barrio*	él balio

EN EXCURSION : À LA CAMPAGNE / *DE EXCURSIÓN: EN EL CAMPO*

L'eau-de-vie	*El aguardiente*	él agoualdiénté
L'aile	*El ala*	él ala
Le ruisseau	*El arroyo*	él aloyo
Le bœuf	*El buey*	él bouèye
L'âne	*El burro*	él bulo
Le cheval	*El caballo*	él cabaillo
Le champ	*El campo*	él campo
Le seigle	*El centeno*	él cénténo
Le lapin	*El conejo*	él conéro
Le corbeau	*El cuervo*	él couélbo
Le hérisson	*El erizo*	él élisso

Le chat	*El gato*	él gato
Le grain	*El grano*	él glano
Le grillon	*El grillo*	él gliyo
Le lézard	*El lagarto*	él lagalto
Le maïs	*El maíz*	él mahisse
La source naturelle	*El manantial*	él mananntial
Le buisson	*El matorral*	él matolal
Le hibou	*El mochuelo*	él motchouélo
La borne	*El mojón / el hito*	él morone / él ito
Le moulin	*El molino harinero*	él molino alinélo
Le moût	*El mosto*	él mosto
La chauve-souris	*El murciélago*	él moulciélago
L'oiseau	*El pájaro / el ave*	él paralo / él abé
Le chien	*El perro*	él pelo
Le poisson (mort)	*El pescado*	él péscado
Le poisson (vivant)	*El pez*	él pèsse
Le bec	*El pico*	él pico
Le puits	*El pozo*	él posso
Le pré	*El prado*	él plado
La grappe	*El racimo*	él lacimo
La souris	*El ratón*	él latone
La rivière	*El río*	él lillo
La sauterelle	*El saltamontes*	él saltamontésse
Le moissonneur	*El segador*	él ségadol
Le blé	*El trigo*	él tligo
Le vendangeur	*El vendimiador*	él béndimiadol
Le vin	*El vino*	él bino
Le vigneron	*El viñador*	él bignadol
Le vignoble	*El viñedo*	él bignédo

Le renard	*El zorro*	él solo
L'abeille	*La abeja*	la abéra
L'écureuil	*La ardilla*	la aldilla
L'avoine	*La avena*	la abéna
La guêpe	*La avispa*	la abispa
La chèvre	*La cabra*	la câbla
L'orge	*La cebada*	la cébada
La caille	*La codorniz*	la codolnisse
La corneille	*La corneja*	la colnéja
La récolte	*La cosecha*	la cossétcha
La chouette	*La lechuza*	la léchoussa
Le lièvre	*La liebre*	la liéblé
La paille	*La paja*	la para
La pomme de terre	*La patata*	la patata
La perdrix	*La perdiz*	la perdisse
La plume	*La pluma*	la plouma
La prairie	*La pradera*	la pladéla
Le rat	*La rata*	la latta
La betterave	*La remolacha*	la lémolatcha
La moisson	*La siega*	la siéga
La pie	*La urraca*	la oulaca
Le raisin	*La uva*	la ouba
La vache	*La vaca*	la baca
La graine	*La semilla*	la sémilla
Le champignon	*La seta*	la séta
Le mur	*La tapia*	la tapia
La violette	*La violeta*	la bioléta
Le faisan	*El faisán*	él faisane
La tourterelle	*La tórtola*	la toltola

Le papillon	*La mariposa*	la malipossa
La vigne	*La vid*	la bid
Le pâturage	*Los pastos*	losse pastosse

EN EXCURSION : LES PLANTES ET LES JARDINS / *DE EXCURSIÓN: LAS PLANTAS Y EL JARDÍN*

Le sapin	*El abeto*	él abéto
Le houx	*El acebo*	él acébo
Le peuplier	*El álamo*	él alamo
L'arum	*El alcatraz*	él alcatlasse
L'arbre	*El árbol*	él albol
Le noisetier	*El avellano*	él abéillano
La fleur d'oranger	*El azahar*	él assahar
L'insecte	*El bicho / el insecto*	él bitcho / él innsécto
Le bois (forêt)	*El bosque*	él bosqué
Le bourgeon	*El brote / el capullo*[4]	él broté / él capouillo
Le cactus	*El cacto*	él cacto
L'escargot	*El caracol*	él caracol
La haie	*El cercado*	él célcado
Le gazon	*El césped*	él céspède
Le cyprès	*El ciprés*	él ciplésse
L'œillet	*El clavel*	él clabél
Le chrysanthème	*El crisantemo*	él clinsanntémo
Le géranium	*El geranio*	él rélanio
Le moineau	*El gorrión*	él golione
Le grenadier	*El granado*	él glanado

---

4. Attention : *capullo* est également un terme argotique désignant une personne désagréable. À utiliser donc avec parcimonie et en contexte champêtre.

Le hêtre	*El haya*	él ailla
La fougère	*El helecho*	él élétcho
Le jardin potager	*El huerto*	él ouélto
La serre	*El invernadero*	él inbélnadélo
Le jasmin	*El jazmín*	él rassmine
Le laurier	*El laurel*	él laoulél
Le citronnier	*El limonero*	él limonélo
Le lichen	*El liquen*	él liquène
L'iris	*El lirio*	él lilio
Le merle	*El mirlo*	él milulo
Le moustique	*El mosquito*	él mosquito
La mousse	*El musgo*	él mousgo
Le nid	*El nido*	él nido
Le noyer	*El nogal*	él nogal
L'olivier	*El olivo*	él olivo
L'orme	*El olmo*	él olmo
Le pétale	*El pétalo*	él pétalo
Le rouge-gorge	*El petirrojo*	él pétiloro
Le pin	*El pino*	él pino
Le platane	*El plátano*[5]	él platano
Le chêne	*El roble*	él loblé
Le crapaud	*El sapo*	él sapo
Le saule pleureur	*El sauce*	él saoucé
La tige	*El tallo*	él taillo
Le tronc	*El tronco*	él tlonco
Le buisson	*El zarzal*	él salsal
L'olive	*La aceituna*	la acéitouna

5. Cela désigne aussi la banane.

Le canal	*La acequia*	la acéquia
L'agave	*La agave*	la agabé
Le bassin	*La alberca*	la albelca
Le coquelicot	*La amapola*	la amapola
Le lys	*La azucena*	la assoucéna
La souche	*La cepa*	la cépa
La cigale	*La cigarra*	la cigala
L'écorce	*La corteza*	la coltéssa
L'entrée du parc	*La entrada del parque*	la entlada dél palqué
L'épine	*La espina*	la éspina
La fleur	*La flor*	la flol
Le fruit	*La fruta*	la flouta
L'herbe	*La hierba*	la yélba
La feuille	*La hoja*	la ora
Les feuilles mortes	*La hojarasca*	la oralasca
La fourmi	*La hormiga*	la olmiga
Le pot à fleurs	*La maceta*	la masséta
Le bois (matière)	*La madera*	la madéla
La marguerite	*La margarita*	la malgalita
La mouche	*La mosca*	la mosca
L'orchidée	*La orquídea*	la olquidéa
La chenille	*La oruga*	la olouga
Le palmier	*La palmera*	la palméla
La pomme de pin	*La piña*	la pigna
La primevère	*La primavera*	la plimabéla
La racine	*La raíz*	la laïsse
La branche	*La rama*	la lama
La grenouille	*La rana*	la lana

EN EXCURSION : AU BORD DE L'EAU / *DE EXCURSIÓN: A ORILLAS DEL AGUA*

Sourdre (eau)	*Brotar / manar*	blotal / manal
La falaise	*El acantilado*	él acanntilado
L'affluent	*El afluente*	él aflouénté
L'hameçon	*El anzuelo*	él anssouelo
Le hareng	*El arenque*	él alénqué
Le thon	*El atún*	él atoun
La morue	*El bacalao*	él bacalao
Le chalutier	*El barco pesquero*	él balco pésquélo
La crevette	*El camarón*	él camalone
Le crabe	*El cangrejo*	él cangléro
Le lit (de la rivière)	*El cauce*	él caoucé
L'amorce	*El cebo*	él cébo
Le cygne	*El cisne*	él cisné
Le crustacé	*El crustáceo*	él croustacéo
Le dauphin	*El delfín*	él délfine
L'étang	*El estanque*	él éstanqué
Le détroit	*El estrecho*	él éstrétcho
Le phare	*El faro*	él falo
Le galet	*El guijarro*	él guiralo
L'îlot	*El islote*	él isloté
Le jonc	*El junco*	él rounco
Le lac	*El lago*	él lago
Le littoral	*El litoral*	él litoral
Le brochet	*El lucio*	él loucio
La mer	*El mar*	él mal
La moule	*El mejillón*	él mérillone

Le nageur	*El nadador*	él nanadol
L'océan	*El océano*	él pato
Le barrage	*El pantano / el embalse*	él panntano / él émbalsé
Le canard	*El pato*	él pato
Le pêcheur	*El pescador*	él péscadol
Le pont	*El puente*	él pouénté
Le port	*El puerto*	él pouélto
Le ruisseau	*El riachuelo*	él liatchouélo
Le saumon	*El salmón*	él salmone
Le torrent	*El torrente*	él tolénté
Le baigneur / la baigneuse	*El/la bañista*	él/la bagnista
La lagune	*La albufera*	la alboufféla
La clovisse	*La almeja*	la alméra
L'anguille	*La anguila*	la annguila
Le sable	*La arena*	la alena
La crique	*La cala*	la cala
La canne à pêche	*La caña de pescar*	la cagna de pescal
Le roseau	*La cañavera*	la cagnavela
La carpe	*La carpa*	la calpa
La cascade	*La cascada*	la cascada
La péniche	*La chalana*	la tchalana
Le marécage	*La ciénaga*	la ciénaga
La cigogne	*La cigüeña*	la cigouégna
La côte	*La costa*	la costa
L'embouchure	*La desembocadura*	la déssembocadula
La dune	*La duna*	la douna
L'écluse	*La esclusa*	la éscloussa

L'écume	*La espuma*	la éspouma
Le héron	*La garza*	la galssa
La mouette	*La gaviota*	la gabiota
L'île	*La isla*	la isla
Le canot	*La lancha*	la lanncha
La marée	*La marea*	la maléa
Le colin	*La merluza*	la mérloussa
La vague	*La ola*	la ola
La péninsule	*La península*	la péninnsoula
La pêche	*La pesca*	la pesca
La plage	*La playa*	la playa
Le barrage	*La presa*	la pléssa
Le filet	*La red*	la led
La rive	*La ribera / la orilla*	la libella
Le marais salant	*La salina*	la salina
La sardine	*La sardina*	la saldina
La truite	*La trucha*	la tloucha
Les sables mouvants	*Las arenas movedizas*	las alénas mobédissas
Le canal	*El canal*	él canal
Les coquillages	*Los mariscos*	los maliscosse

EN VISITE AU MUSÉE / *DE VISITA EN EL MUSEO*

L'eau-forte	*El aguafuerte*	él agouafouérté
La nature morte	*El bodegón*	él bodégone
Le fusain	*El carboncillo*	él calboncillo
La couleur	*El color*	él colol
Le tableau	*El cuadro*	él couadlo

La fresque	*El fresco / el mural*	él flésco / él moulal
La gravure	*El grabado*	él glabado
Le crayon	*El lápiz*	él lapisse
La toile	*El lienzo*	él liénsso
L'aquarelle	*La acuarela*	la acoualéla
La sculpture	*La escultura*	la éscoultula
La statue	*La estatua*	la éstatoua
La galerie d'art	*La galería de arte*	la galelilla de alté
L'estampe	*La lámina / la estampa*	la lamina / la estampa
L'exposition	*La muestra*	la mouéstla
La peinture à l'huile	*La pintura al óleo*	la pinntula al oléo
La toile	*La tela*	la téla

MUSIQUE ! / *¡MÚSICA!*

La musique	*La música*	la moussica
Le musicien	*El músico*	él moussico
Le compositeur	*El compositor*	él commpossitor
L'orchestre	*La orquesta*	la orquésta
La baguette	*La batuta*	la batouta
Le concert	*El concierto*	él conciélto
L'opéra	*La ópera*	la opéla
La chanson	*La canción*	la cannsione
Le violon	*El violín*	él bioline
L'air populaire	*El aire popular*	él aïlé popoulal
La mélodie	*La melodía*	la mélodilla
L'archet	*El arco*	él alco
La corde	*La cuerda*	la couélda

La flûte	*La flauta*	la flaouta
Le piano	*El piano*	él piano
L'orgue	*El órgano*	él olgano
La cornemuse	*La gaita*	la gaïta
La chorégraphie	*La coreografía*	la coléoglafilla
Le chant	*El canto*	él canto
Le chanteur	*El cantante*	él canntannté
Le ballet	*El ballet*	él bailléte
La cantatrice	*La cantatriz*	la canntatrice
La chorale	*La coral*	la colal
Le concert	*El concierto*	él conciélto
La musique classique	*La música clásica*	la moussica classica
La symphonie	*La sinfonía*	la sinnfonilla
L'instrument à cordes	*El instrumento de cuerda*	él innstlouménto de couélda
Les cuivres	*Los cobres*	losse coblésse
L'instrument à vent	*El instrumento de viento*	él innslouménto de bientôt
La clarinette	*El clarinete*	él clalinété
Le violoncelle	*El violoncelo*	él biolonncélo
La contrebasse	*El contrabajo*	él conntlabaro
La guitare	*La guitarra*	la guitala
Les castagnettes	*Las castañuelas*	lasse castagnouelas
Les paroles	*La letra*	la letla
Le succès	*El éxito*	él éxito
Jouer faux	*Desafinar*	déssafinal
Jouer d'un instrument	*Tocar un instrumento*	tocal oun instlouménto
La trompette	*La trompeta*	la tlompéta
Le piano à queue	*El piano de cola*	él piano dé cola

La flûte traversière	*La flauta travesera*	la flaouta tlabéséla
Le saxophone	*El saxofón*	él saxofone
Le prélude	*El preludio*	él pléloudio
La guitare électrique	*La guitarra eléctrica*	la guitala éléctlica
La fanfare	*La banda*	la bannda
La musique pop	*La música pop*	la moussica pop
Le synthétiseur	*El sintetizador*	él sinntétissadol
Le micro	*El micrófono*	él miclofono
La discothèque	*La discoteca*	la discoteca
La sonate	*La sonata*	la sonata
La harpe	*El harpa*	él alpa
La baguette	*La batuta*	la batouta

LES SPORTS / *LOS DEPORTES*

L'arbitre	*El árbitro*	él albitlo
L'arc	*El arco*	él alco
L'athlète	*El atleta*	él atleta
L'athlétisme	*El atletismo*	él atletismo
Le baseball	*El béisbol*	él béisbol
La boxe	*El boxeo*	él boxéo
Le champion	*El campeón*	él cammpeone
Le terrain	*El campo*	él campo
Le cyclisme	*El ciclismo*	él ciclismo
Le coursier	*El corcel*	él colcel
Le coureur	*El corredor*	él coledol
Le sportif	*El deportista*	él depoltista
La rencontre	*El encuentro*	él éncouéntlo
L'essai	*El ensayo*	él énsayo

L'équipe	*El equipo*	él équipo
Le ski	*El esquí*	él esqui
Le ski alpin	*El esquí alpino*	él esqui alpino
Le ski de fond	*El esquí de fondo*	él esqui de fonndo
Le skieur	*El esquiador*	él esquiadol
Le football	*El fútbol*	él football
Le footballeur	*El futbolista*	él foutbolista
La tauromachie	*La tauromaquia*	la taouromaquia
Le championnat	*El campeonato*	él cammpéonato
La course de taureaux	*La corrida*	la colida
Le toréador	*El torero / el diestro*	él tolélo
Le matador	*El espada / el matador*	él espada / él matadol
Les arènes	*El ruedo*	él louédo
Le combat	*La lidia*	la lidia

LES JEUX / *LOS JUEGOS*

Cœur	*Corazones*	corassonés
Pique	*Picas*	picas
Trèfle	*Tréboles*	trébolés
Carreau	*Diamantes*	diamantés
Les échecs	*El ajedrez*	él arédlésse
Le billard	*El billar*	él billar
Le jocker	*El comodín*	él comodine
Le domino	*El dominó*	él domino
Le loisir	*El ocio*	él ocio
La queue du billard	*El taco del billar*	él taco del billar
L'atout	*El triunfo*	él tliounfo

Le jeu de cartes	*La baraja / los naipes / las cartas*	la balara / los naïpés / las caltas
Le pli	*La baza*	la bassa
L'amusement	*La diversión*	la dibersione
Le valet (carte)	*La sota*	la sota
Le jeu de dames	*Las damas*	las damas
Les dés	*Los dados*	los dadosse
Les jeux de société	*Los juegos de sociedad*	los rouegosse de sociédade

SORTIR AU THÉÂTRE ET AU CINÉMA / *SALIR AL TEATRO Y AL CINE*

L'acte	*El acto*	él acto
L'acteur, le comédien	*El actor, el comediante*	él actol, él comédianté
L'artiste	*El artista*	él altista
Le cinéma	*El cine*	él ciné
Le comique	*El cómico*	él comico
Le drame	*El drama*	él dlama
La répétition générale	*El ensayo general*	él énsayo rénélal
Le spectacle	*El espectáculo*	él espectaculo
Le jeune premier	*El galán*	él galane
La récompense	*El galardón*	él galardone
Le bouffon	*El gracioso*	él gracioso
Le scénario	*El guión*	él guione
L'entracte	*El intermedio*	él inntélmédio
La comédie musicale	*El musical*	él moussical
Le public	*El público*	él poublico
Le metteur en scène	*El realizador*	él lealisadol
Le fauteuil (la place)	*El asiento*	él assiénnto

Le théâtre	*El teatro*	él téatlo
Le rideau	*El telón*	él telone
L'actrice	*La actriz*	la actlice
La comédie	*La comedia*	la comédia
La troupe	*La compañía*	la compagnilla
L'image floue	*La imagen borrosa*	la imarén bolossa
L'image nette	*La imagen nítida*	la imarén niitida
La pièce de théâtre	*La obra de teatro*	la obla de téatlo
L'écran	*La pantalla*	la panntailla
Le film de cape et d'épée	*La película de capa y de espada*	la pelicoula de capa y dé éspada
Le film à suspense	*La película de suspense*	la pélicoula dé souspénsé
Le film d'épouvante	*La película de terror*	la pélicoula de telol
Le film policier	*La película policíaca*	la pélicoula policillaca
Le film	*La película / el film*	la pelicoula / él film
La représentation	*La representación*	la léplésséntassione
La séance de cinéma	*La sesión de cine*	la séssione de ciné
Le guichet	*La taquilla*	la taquilia
Jouer une pièce de théâtre	*Estrenar una obra de teatro*	estlénal una obla de téatlo
Faire la queue	*Hacer cola*	acél cola
Acheter des entrées	*Sacar entradas*	sacal éntladasse
Le décor	*El decorado*	él décolado
Les costumes	*El vestuario*	él béstualio

5. LA CONSOMMATION / *EL CONSUMO*

Ah ! flâner dans les ruelles espagnoles et se laisser aller à la contemplation d'articles en tout genre, fouiner puis trouver l'objet typique qui fera sensation dans le salon, chercher encore et toujours votre bonheur à la boutique « gourmet » du Corte Inglés pour satisfaire vos papilles... Pour tout cela, il faut bien sûr demander son chemin ou exprimer au vendeur son désir. Irréalisable ? Plus maintenant, avec ces phrases qui devraient bien vous aider à vous en sortir.

DANS LE QUARTIER COMMERÇANT / *EN EL BARRIO MERCANTIL*

Quel est votre conseil en ce qui concerne les spécialités de la ville ?
¿Cuál es su consejo en cuanto a las especialidades de la ciudad?

Quels sont les magasins encore ouverts ?
¿Cuáles son las tiendas que siguen abiertas?

Est-ce loin d'ici ? *¿Dista mucho de aquí?*

Où se trouve le plus grand supermarché ?
¿Dónde está el más grande supermercado?

Où se trouve le supermarché le plus proche ?
¿Dónde está el supermercado más cercano?

Où se trouve le quartier commerçant ?
¿Dónde se encuentra el barrio mercantil?

Où se trouve le bureau pour réserver les spectacles ?
¿Dónde se encuentra la oficina para reservar los espectáculos?

Où peut-on acheter cela ? *¿Dónde se puede comprar esto?*

Où y a-t-il le plus de choix ?
¿Dónde se puede encontrar el surtido más variado?

Où peut-on acheter des cartes SIM ?
¿Dónde se pueden comprar tarjetas SIM?

Y a-t-il des boutiques hors taxes ?
¿Existen tiendas duty free?

Y a-t-il des magasins dans le quartier ?
¿Hay tiendas en el barrio?

Pouvez-vous me donner une bonne adresse pour acheter de bonnes chaussures / une veste en cuir ?
¿Me puede dar una buena dirección para comprar buenos zapatos / una chaqueta de cuero?

Pouvez-vous m'expliquer le chemin pour arriver à cette boutique ?
¿Puede explicarme el camino para llegar a esa tienda?

Pouvez-vous m'indiquer les horaires d'ouverture des magasins ?
¿Puede indicarme la hora de apertura de las tiendas?

ACHETER DES VÊTEMENTS / *COMPRAR ROPA*

– Désirez-vous quelque chose ? – Je regarde seulement, merci.
– *¿Desea algo? – No, solo miro, gracias.*

Quelle est la matière de ce sac ?
¿Cuál es la materia de este bolso?

Combien cela coûte-t-il ? *¿Cuánto es?*

Où se trouve l'escalator ? *¿Dónde está la escalera mecánica?*

Où se trouve la cabine d'essayage ?
¿Dónde se encuentra el probador?

Où se trouve le rayon des vêtements ?
¿Dónde se encuentra la sección de la ropa?

Où se trouvent les escaliers ?
¿Dónde se encuentran las escaleras?

Cela vous dérange-t-il si je l'essaie encore une fois ?
¿Le molesta si lo pruebo otra vez?

L'avez-vous en rouge[1] ? *¿Lo tiene en rojo?*

L'avez-vous dans une autre couleur ? *¿Lo tiene en otro color?*

Pouvez-vous baisser le prix ? *¿Puede bajar su precio?*

Pouvez-vous me montrer d'autres vêtements ?
¿Puede enseñarme otra ropa?

Pouvez-vous m'indiquer l'ascenseur ?
¿Puede indicarme el ascensor?

Pouvez-vous me faire un papier cadeau ?
¿Puede ponerme un papel para regalo?

Pouvez-vous faire une retouche ?
¿Puede usted hace une arreglo/retoque?

Puis-je essayer cette robe ? *¿Puedo probar este vestido?*

Puis-je toucher le tissu ? *¿Puedo tocar el tejido?*

Qu'est-ce qui vous semble le mieux ? *¿Qué le parece mejor?*

Quel genre de tissu est-ce ? *¿Qué tejido es?*

---

1. Voir le tableau de ce chapitre pour les couleurs.

Quel genre de pierre est-ce ? Est-elle précieuse ?
¿Qué tipo de piedra es? ¿Es preciosa?

Quels jeans me conseillez-vous ?
¿Qué vaqueros me sugiere?

Que vendez-vous comme produits régionaux ?
¿Qué vende como productos regionales?

Auriez-vous quelque chose de plus gai / simple ?
¿Tendrá algo más alegre / sencillo?

Avez-vous quelque chose qui corresponde à ma taille ?
¿Tiene algo que corresponde a mi medida?

Avez-vous quelque chose aux environs de soixante euros ?
¿Tiene algo que rodea los sesenta euros?

Avez-vous des chemisiers pour fillette ?
¿Tiene blusa para chica?

Avez-vous des pulls ? *¿Tiene jersey?*

Avez-vous le même vêtement avec une taille différente ?
¿Tiene la misma ropa con un tamaño diferente?

Avez-vous d'autres vêtements plus élégants ?
¿Tiene otra ropa más elegante?

Avez-vous un style plus moderne / classique ?
¿Tiene otro estilo más joven / clásico?

Avez-vous un autre modèle ? *¿Tiene otro modelo?*

Avez-vous d'autres couleurs ? *¿Tiene otros colores?*

Avez-vous de vêtements en coton ? *¿Tiene ropa de algodón?*

Avez-vous un plan du magasin ? *¿Tiene un plano de la tienda?*

Avez-vous une taille plus grande / plus petite ?
¿Tiene un tamaño más grande / más pequeño?

Avez-vous une valise avec serrure ?
¿Tiene una maleta con cerradura?

Avez-vous une jupe rouge ? *¿Tiene vestido rojo?*

Je cherche un cadeau pour ma petite amie.
Busco un regalo para mi novia.

Je cherche une chemise pour mon fils.
Busco una camisa para mi hijo.

C'est trop cher pour moi. *Es demasiado caro para mí.*

Il/elle est très joli(e). *Es muy bonito/bonita.*

C'est pour faire un cadeau. *Es para regalar.*

Ce style ne me convient pas. *Este estilo no me conviene.*

Le vêtement est trop court / serré / long / lâche.
La ropa es demasiado corta / apretada / larga / floja.

Je vous prends ça. *Le compro esto.*

Cela me serre trop à la taille.
Me aprieta demasiado en la cintura.

Je voudrais essayer celui qui est dans la vitrine.
Me gustaría probar el que está en el escaparate.

Ça me semble trop voyant / terne.
Me parece demasiado chillón / sin brillo.

Pouvez-vous me montrer cette bague, ces boucles d'oreilles, ce collier et ce bracelet s'il vous plaît ?
Me puede enseñar este anillo, estos pendientes, este collar y esta pulsera por favor?

Pouvez-vous me montrer ce sac s'il vous plaît ?
Me puede enseñar este bolso por favor?

C'est trop grand / petit pour moi.
Me va demasiado grande / pequeño.

Je ne supporte pas les vêtements synthétiques.
No aguanto la ropa sintética.

Ce n'est pas vraiment ce que je recherche.
No es exactamente lo que busco.

Je n'aime pas cette couleur. *No me gusta este color.*

Je cherche quelque chose pour faire un cadeau à ma mère.
Quisiera encontrar algo para hacer un regalo a mi madre.

Je voudrais essayer cette veste. *Quisiera probar esta chaqueta.*

Je cherche des vêtements de style sportif.
Quisiera una ropa de estilo deportivo.

Je voudrais voir cet article. *Quisiera ver este artículo.*

Je vais y réfléchir. *Voy a pensarlo.*

Le shopping à l'espagnole

Fort des succès internationaux à l'étranger que sont Zara ou Mango, l'Espagne propose sur son sol une grande variété de magasins qui feront le bonheur de toutes et tous. Voici donc une petite liste non exhaustive de quelques magasins qui pourraient valoir une petite visite...

Mesdames, mesdemoiselles, si vous avez peur de faire flamber votre carte bleue, commencez donc doucement par la marque Bershka : petite sœur de Zara car au sein du même groupe (Inditex), elle propose des vêtements plus jeunes que sa grande sœur, plus funky, aux couleurs plus vives et aux styles rigolos quand ils ne sont pas décalés, mais dans des prix toujours plus que raisonnables.
On ne présente plus Zara, également très en vogue sur notre sol français. Là aussi, des prix raisonnables et des vêtements plus classes que ceux de la petite sœur, permettant de décliner des styles aussi divers que la fashion victim, la femme classique ou urbaine. Toutefois, cela demeure de bonne qualité et la ligne est souvent très fortement inspirée des articles de luxe de Gucci ou Prada. La force de frappe du groupe réside dans le fait de proposer chaque semaine de nouveaux articles, ce qui permet à Zara d'avoir l'exclusivité sur certains produits. Et si Monsieur continue de faire la fine bouche, dites-lui que la boutique est toute aussi bien fournie pour lui.
Qui dit Zara dit Mango. La variété des vêtements proposés aux citadines branchées se décline en quatre styles : sport, ville, soirée et jean. Sans doute moins exubérant que Zara, la marque offre des mélanges heureux de tendances et de basiques à chaque nouvelle collection.
Malgré sa consonance italianisante, Massimo Dutti est bien une marque espagnole appartenant au groupe Inditex. Beaucoup plus large que des boutiques spécifiques comme Mango, Massimo Dutti offre des vêtements fonctionnels, confortables et de grande qualité pour tous les membres de la famille, et ce dans des lignes se déclinant du style urbain, plus classe ou sportif.
Chez les Catalans, ne passez pas à côté de Custo, couturier populaire aux motifs vifs et originaux. Bien sûr, si la qualité des vêtements en fait un argument raisonnable, les prix, eux, le sont beaucoup moins. À vous de voir !
Dans le domaine international de la chaussure, il y a l'incontournable Camper. Avec un savoir-faire séculaire, présent dans la famille Fluxà depuis plus d'un siècle, ses techniques modernes d'automatisation lui permettent de proposer tradition et style moderne, le tout dans un style à la fois urbain et méditerranéen.
Il existe également Bimba y Lola ou encore Desigual, à l'esprit toujours jeune et unique.

LA CAISSE / *LA CAJA*

Acceptez-vous les cartes de crédit ?
¿Acepta usted las tarjetas de crédito?

Combien cela coûte-t-il ? *¿Cuánto es?*

Où est la caisse ? *¿Dónde está la caja ?*

La TVA est-elle comprise ? *¿Está incluido el IVA?*

Pouvez-vous m'expliquer comment avoir la détaxe ?
¿Me puede explicar cómo tener la desgravación?

Il n'y a pas une erreur de calcul ?
¿No habrá un error en el cálculo?

Pouvez-vous me donner un formulaire à remplir pour la détaxe s'il vous plaît ?
¿Puede darme un formulario que llenar para las desgravación por favor?

Pouvez-vous me donner une facture s'il vous plaît ?
¿Puede darme una factura por favor?

Pouvez-vous me proposer un prix moins cher ?
¿Puede proponerme un precio más barato?

Puis-je payer avec des chèques de voyage ?
¿Puedo pagar con cheque de viaje?

Puis-je avoir une détaxe ? *¿Puedo tener el duty-free?*

J'achète ça. *Le compro esto.*

Je voudrais rendre cet article.
Quisiera devolver este artículo.

Vous vous êtes trompé en me rendant la monnaie.
Se ha equivocado al devolverme el cambio.

Je n'ai pas encore la monnaie.
Todavía no tengo el cambio.

J'ai déjà payé. *Ya he pagado.*

El Corte Inglés

Outre les centres des villes espagnoles fort bien achalandés par la diversité de leurs magasins, l'une des chaînes ayant réellement pignon sur rue se trouve être le Corte Inglés. Implantées dans les plus grandes villes d'Espagne, ces Galeries Lafayette ibériques doivent leur succès à une politique commerciale offrant un service de qualité : satisfait ou remboursé *(satifescho o reembolsado)*, possibilité de retourner un article défectueux..., mais également à la diversité de son offre puisque l'on y trouve à peu près tout : depuis les articles de base du sous-sol offrant un supermarché relativement bien fourni, aux rayons cosmétiques du rez-de-chaussée, en passant par la maison *(el hogar)*, sans oublier de prendre un petit verre au dernier étage ou de jeter un œil sur la boutique « gourmet », offrant les meilleurs produits culinaires. La liste serait longue, mais plutôt que de longs discours, et même si vous n'êtes pas accro aux magasins, celui-ci vaut le détour, ne serait-ce que pour l'ambiance toute espagnole qui s'en dégage.
Plus prosaïquement, en cas de besoin, tournez-vous vers une grande surface. Bien que certains points soient radicalement différents de l'Hexagone (horaires plus tardifs, rayons poissons plus fournis, choix restreint du fromage...), vous ne serez pas dépaysé car les enseignes françaises sont très implantées même si elles savent s'adapter culturellement et culinairement.

UN PEU DE VOCABULAIRE INDISPENSABLE

LES COULEURS / *LOS COLORES*

Jaune	*Amarillo(a)*	amaliyo(a)
Bleu	*Azul*	assoul
Blanc(he)	*Blanco(a)*	blannco(a)
Doré(e)	*Dorado(a)*	dolado(a)
Gris	*Gris*	glisse
Marron	*Marrón*	malone
Violet(te)	*Morado(a)*	molado(a)
Noir(e)	*Negro(a)*	néglo(a)
Beige	*Ocre*	oclé
Argenté	*Plateado(a)*	plateado(a)
Rouge	*Rojo(a)*	loro(a)
Rose	*Rosa*	losa
Vert	*Verde*	veldé

LES VÊTEMENTS / *LA ROPA*

À carreaux (motifs)	*De rombos / cuadros*	dé lombos / couadlos
À fleurs	*Con flores*	cone flolés
À petits pois	*De lunares*	dé lounalés
À rayures	*De listas*	dé listas
Bien aller (à quelqu'un)	*Sentarle bien (a alguien)*	séntalé bien (a alguiéne)
Enlever le vêtement	*Quitarse la ropa*	quitalsé la lopa
Étendre le linge	*Tender la ropa*	téndél la lopa
Être à la mode	*Estar de moda*	estal dé moda
Être confortable	*Quedar cómodo*	quédal comodo

Être distingué	*Ser distinguido*	sér distinnguido
Être froissé	*Estar arrugado*	estal alugado
Être passé de mode	*Estar pasado de moda*	estal pasado dé moda
Être sale	*Estar sucio*	estal soucio
Être serré	*Estar ceñido*	estal cegnido
Fait à la main	*Hecho a mano*	hétcho a mano
L'article	*El artículo*	él alticoulo
L'encolure	*El escote*	él escoté
L'encolure en « v »	*El escote en forma de "uve"*	él escoté en folma de ouvé
L'encolure ronde	*El escote redondo*	él escoté rédondo
L'épingle à cheveux	*La horquilla*	la olquiya
L'imperméable	*El impermeable*	él impelméable
L'ourlet	*El dobladillo*	él dobladiyo
La bague	*El anillo*	él aniyo
La blanchisserie	*La lavandería*	la labanndelilla
La boutonnière	*El ojal*	él oral
La cabine d'essayage	*El probador*	él plobadol
La casquette	*La gorra*	la gorra
La ceinture	*El cinturón*	él cintoulone
La chemise	*La camisa*	la camissa
La coupe	*El corte*	él corlé
La couture	*La costura*	la costoula
La couturière	*La modista*	la modista
La cravate	*La corbata*	la colbata
La culotte	*Las bragas*	las blagas
La dentelle	*El encaje*	él encaré
La doublure	*El forro*	él folo
La fermeture Éclair	*La cremallera*	la clémayela

La fibre acrylique	*La fibra acrílica*	la fibla aclilica
La fibre synthétique	*La fibra sintética*	la fibla sintética
La jupe	*La falda*	la falda
La jupe-culotte	*La falda pantalón*	la falda panntalone
La laine	*La lana*	la lana
La laine angora	*La lana angora*	la lana angola
La montre	*El reloj de pulsera*	él lelor de poulséla
La peau / la fourrure	*La piel*	la piel
La pièce	*La pieza*	la piessa
La poche	*El bolsillo*	él bolsiyo
La rayonne (soie artificielle)	*La rayona*	la laiyona
La robe	*El vestido*	él bestido
La salopette	*El mono*	él mono
La semelle	*La suela*	la souela
La soie	*La seda*	la séda
La valise	*La maleta*	la maléta
La veste	*La chaqueta*	la tchaquéta
Le béret	*La boina*	la bohina
Le bonnet	*El gorro*	él golo
Le bracelet	*La pulsera*	la poulsela
Le cache-nez	*La bufanda / el tapabocas*	la boufanda / él tapabocas
Le cachemire	*El cachemira*	él catchémila
Le capuchon	*La capucha*	la capoutcha
Le chapeau	*El sombrero*	él somblélo
Le chemisier	*La blusa*	la bloussa
Le cintre	*La percha*	la péltcha
Le col roulé	*El cuello vuelto*	él coueyo vouelto

Le collier	*El collar*	él coiyal
Le corset	*El corsé*	él colsé
Le costume	*El traje*	él tlaré
Le coton	*El algodón*	él algodone
Le cuir	*El cuero*	él couélo
Le daim	*El ante*	él anté
Le foulard	*El pañuelo*	él pagnouélo
Le gilet	*El chaleco*	él chaléco
Le jean	*Los vaqueros*	los baquélos
Le lacet	*El cordón*	él coldone
Le lin	*El lino*	él lino
Le manteau	*El abrigo*	él abligo
Le modèle	*El modelo*	él modélo
Le nettoyage à sec	*La limpieza en seco*	la lipiessa én séco
Le nylon	*El nylon*	él nilone
Le pantalon	*Los pantalones*	los panntalonés
Le parapluie	*El paraguas*	él palagouas
Le peignoir	*La bata*	la bata
Le polyester	*El poliéster*	él poliéstéle
Le porte-monnaie	*El monedero*	él monédélo
Le portefeuille / le cartable	*La cartera*	la caltela
Le pyjama	*El pijama*	él pirama
Le revers	*La solapa*	la salopa
Le ruban	*La cinta*	la cinta
Le sac à dos	*La mochila*	la motchila
Le sac à main	*El bolso*	él bolso
Le satin	*El satín*	él satine
Le slip	*Los calzoncillos*	los calçoncillos

Le soutien-gorge	*El sujetador*	él sourétadol
Le sweater	*El chandal*	él channdal
Le tablier	*El delantal*	él délantal
Le tailleur (travail)	*El sastre*	él sastlé
Le tee-shirt / la chemisette	*La camiseta*	la camisseta
Le teinturier	*La tintorería*	la tinntolelilla
Le tissu	*El tejido*	él térido
Le trou	*El agujero*	él agourélo
Le velours	*El terciopelo*	él télciopélo
Le velours côtelé	*La pana*	la pana
Les bas	*Las medias*	las médias
Les baskets	*Las bambas*	las bammbas
Les bijoux	*Las joyas*	las royas
Les bottes	*Las botas*	las botas
Les boucles d'oreille	*Los pendientes*	los péndientés
Les bretelles	*Los tirantes*	los tilantés
Les chaussettes	*Los calcetines*	los calcétinés
Les chaussures	*Los zapatos*	los sapatos
Les chaussures à crampons	*Las botas de fútbol*	las botas de football
Les chaussures à talon	*Los zapatos de tacón*	los sapatos de tacone
Les escarpins	*Los escarpines*	los escalpinés
Les gants	*Los guantes*	los guantés
Les lunettes	*Las gafas*	las gafas
Les lunettes de soleil	*Las gafas de sol*	las gafas dé sol
Les manches courtes	*Las mangas cortas*	las mangas coltas
Les manches longues	*Las mangas largas*	las mangas lalgas
Les pantoufles	*Las zapatillas*	las sapatillas

Les sandales	*Las chanclas*	las tchannclas
Les talons aiguille	*Los tacones lejanos*	los taconés leranos
Les vêtements	*La prenda de vestir*	la plénda de bestir
Repasser	*Planchar*	plannctchal
Réversible	*Reversible*	lébelsible
S'habiller	*Ponerse la ropa*	ponélse la lopa
Sans col	*Sin cuello*	sine coueyo
Sans manches	*Sin mangas*	sine mangas
Un bouton	*Un botón*	oun botone
Une tache	*Una mancha*	ouna mantcha
Uni(e)	*Liso(a)*	lisso(a)

L'INTÉRIEUR DE LA MAISON / *EL INTERIOR DE LA CASA*

L'assiette	*El plato*	él plato
L'oreiller	*La almohada*	la almoada
L'ouvre-boîtes	*El abrelatas*	él ablélatasse
La chaise	*La silla*	la siya
La couverture	*La manta*	la mannta
La machine à café	*La máquina de café*	la maquina dé café
La nappe	*El mantel*	él manntél
La serviette (bain)	*La toalla*	la toaya
La serviette (repas)	*La servilleta*	la sélviyéta
La table	*La mesa*	la méssa
La taie	*La funda*	la founda
La tasse	*La taza*	la tassa
Le coussin	*El cojín*	él corine
Le décapsuleur	*El abrebotellas*	él abléboteyas
Le drap	*La sábana*	la sabana

Le fauteuil	*El sillón*	él siyone
Le miroir	*El espejo*	él éspéro
Le sofa / le canapé	*El sofá*	él sofa
Le tapis	*La alfombra*	la alfombla
Le tire-bouchon	*El sacacorchos*	él sacacoltchosse

ALCOOL ET AUTRES CHOSES… / *ALCOHOL Y OTROS*

L'eau-de-vie	*El aguardiente*	él agouardiénté
La cartouche de cigarettes	*El cartón de cigarrillos*	él cartone de cigarrillosse
Le brandy	*El brandy*	él brandi
Le champagne	*El champán*	él chammpane
Le champagne espagnol	*El cava*	él caba
Le cigare	*El puro*	él pulo
Le cognac	*El coñac*	él cognac
Le vin blanc	*El vino blanco*	él bino blannco
Le vin rosé	*El vino rosado*	él bino losado
Le vin rouge	*El vino tinto*	él bino tinnto
Le whisky	*El whisky*	él ouiski
Le xérès	*El jerez*	él reléz

LES MESURES / *LAS MEDIDAS*

À la mode	*De moda*	dé moda
Clair(e)	*Claro(a)*	clalo(a)
Court(e)	*Corto(a)*	colto(a)
Croisé(e)	*Cruzado(a)*	clussado(a)
Droit(e)	*Derecho(a)*	délétcho(a)

Épais(se)	*Espeso(a)*	espésso(a)
Étroit(e)	*Estrecho(a)*	estletcho(a)
Fait à la main	*Hecho a mano*	écho a mano
Fin(e)	*Fino(a)*	fino(a)
Grand(e) (hauteur)	*Alto(a)*	alto(a)
Grand(e) (taille)	*Grande*	glandé
Large	*Ancho(a)*	anntcho(a)
Léger(ère)	*Ligero(a)*	lirelo(a)
Long(ue)	*Largo(a)*	lalgo(a)
Modeste	*Modesto(a)*	modesto(a)
Original	*Original*	olirinal
Serré(e)	*Apretado(a)*	apletado(a)
Sombre	*Sombrío(a)*	sombliyo(a)
Transparent(e)	*Transparente*	tlannspalénté
Unique	*Único(a)*	ounico(a)
Vif(ve)	*Vivo(a)*	bibo(a)

AU MAGASIN / *EN EL ALMACÉN*

Acheter	*Comprar*	commplal
Aller faire lèche-vitrines	*Ir a mirar los escaparates*	ir a miral los du éscapalatésse
Aller faire les courses	*Ir de compras*	il de complas
Bon marché	*Barato(a)*	balato(a)
Cher/chère	*Caro(a)*	calo(a)
Coûter les yeux de la tête	*Costar un ojo de la cara*	costal oun oro dé la cala
Faire le marché	*Hacer la plaza*	acél la plassa
L'adresse	*La dirección*	la diléctione
L'alcool	*El alcohol*	él alcohol

L'argent liquide	*El dinero metálico*	él dinéro métalico
L'eau	*El agua*	él agoua
L'eau de javel	*La lejía*	la lérilla
L'épicerie	*La tienda de ultramarinos*	la tiénda de oultlamalinos
L'étiquette	*La etiqueta*	la étiqueta
La boîte de conserve	*La lata*	la lata
La boucherie	*La carnicería*	la calnicelilla
La boulangerie	*La panadería*	la panadelilla
La bouteille de vin	*La botella de vino*	la boteilla de bino
La caisse	*La caja*	la cara
Le caissier / la caissière	*El cajero / la cajera*	él carélo / la carrela
La carte de crédit	*La tarjeta de crédito*	la talréta de clédito
La cave	*La bodega*	la bodega
La commande	*El pedido*	él pédido
La consommation	*El consumo*	él consoumo
La crème liquide	*La nata*	la nata
La farine	*La harina*	la alina
La remise	*El descuento*	él déscuénto
La viande	*La carne*	la calné
Le beurre	*La mantequilla*	la manntéquilla
Le café	*El café*	él café
Le centre commercial	*El centro comercial*	él céntro commercial
Le chariot	*El carro*	él calo
Le chèque	*El cheque*	él chéqué
Le chewing-gum	*El chicle*	él tchiclé
Le chocolat	*El chocolate*	él tchocolaté
Le client	*El cliente*	él cliénté
Le code-barres	*El código de barras*	él codigo de balas

Le comptoir	*El mostrador*	él mostladol
Le fromage	*El queso*	él quesso
Le gâteau	*La galleta*	la gailléta
Le jambon	*El jamón*	él ramone
Le jus de fruits	*El zumo de fruta*	él soumo dé fluta
Le lait	*La leche*	la létché
Le magasin	*El almacén / la tienda*	él almassène / la tiénda
Le pain	*El pan*	él pane
Le panier	*La cesta*	la césta
Le poisson	*El pescado*	él péscado
Le produit alimentaire	*El producto alimenticio*	él plodoucto aliménticio
Le rayon	*La sección / el departamento*	la sectionne / él départaménto
Le sandwich	*El bocadillo*	él bocadillo
Le thé	*El té*	él té
Le vendeur	*El dependiente / el vendedor*	él dépéndienté/ él béndédor
Le yaourt	*El yogur*	él yogoul
Les bonbons[2]	*Los caramelos*	los calamélosse
Les chips	*Las patatas fritas*	las patatas flitas
Les fruits	*Las frutas*	las flutas
Les légumes	*Las verduras*	las veldulas
Les soldes	*Las rebajas*	las lébaras
Livrer	*Entregar*	entlégal
Payer à crédit	*Pagar a plazos*	pagal a plassos

2. Attention : le terme *bonbón* désigne en espagnol les bonbons exclusivement enrobés de chocolat et non le bonbon traditionnel tel qu'il est conçu en France.

Payer comptant	*Pagar al contado*	pagal al conntado
Un échantillon	*Una muestra*	ouna mouestla
Une bonne affaire	*Una ganga*	ouna ganga
Vendre	*Vender*	béndele

LES BIJOUX / *LAS JOYAS*

L'aigue-marine	*La aguamarina*	la agouamalina
L'ambre	*El ámbar*	él ambal
L'améthyste	*La amatista*	la amanista
L'argent	*La plata*	la plata
L'émeraude	*La esmeralda*	la esmelalda
L'opale	*El ópalo*	él opalo
L'or	*El oro*	él olo
La bague	*El anillo*	él anillo
La boucle d'oreille	*El pendiente*	él péndiénte
La broche	*El alfiler*	él alfilèl
La perle	*La perla*	la perla
La perle de culture	*La perla cultivada*	la perla cultivada
La topaze	*El topacio*	él topassio
La turquoise	*La turquesa*	la toulquéssa
Le bracelet	*El brazalete / la pulsera*	él brassalété / la poulsséla
Le carat	*El quilate*	él quilaté
Le collier	*El collar*	él coyal
Le cristal	*El cristal*	él clistal
Le diamant	*El diamante*	él diamannté
Le grenat	*El granate*	él glanaté
Le jade	*El jade*	él radé

Le platine	*El platino*	él platino
Le rubis	*El rubí*	él loubi
Le saphir	*El zafiro*	él safilo

LES PRODUITS COSMÉTIQUES / *LOS PRODUCTOS COSMÉTICOS*

L'après-shampooing	*El acondicionador*	él aconndicionadol
L'eau de Cologne	*El agua de colonia*	él agoua de colonia
L'huile essentielle	*El aceite esencial*	él asséité ésséncial
La brosse à cheveux	*El cepillo de pelo*	él cépillo de pélo
La brosse à dents	*El cepillo de dientes*	él cépillo de diéntés
La crème	*La crema*	la cléma
La crème à raser	*La espuma de afeitar*	la éspouma dé aféital
La crème démaquillante	*El desmaquillador*	él desmaquilladol
La crème solaire	*La crema solar*	la cléma solal
La lame	*La lámina*	la lamina
La peau grasse	*La piel grasa*	la piél grassa
La peau sèche	*La piel seca*	la piél séca
Le coupe-ongles	*El cortaúñas*	él coltaougnasse
Le dentifrice	*El dentífrico*	él déntiflico
Le dissolvant	*El quitaesmalte*	él quitaésmalté
Le fard à paupières	*La sombra de ojos*	la sombla de oros
Le fond de teint	*El maquillaje de fondo*	él maquillaré dé fondo
Le mascara	*El mascara*	él mascala
Le masque de beauté	*La mascarilla de belleza*	la mascalilla de béillessa
Le parfum	*El perfume*	él pérfumé

Le peigne	*El peine*	él péiné
Le rasoir	*La maquinilla de afeitar*	la maquinilla dé aféital
Le rouge à lèvres	*El rojo de labios*	él loro de labiosse
Le savon	*El jabón*	él rabón
Le shampooing	*El shampoo*	él champou
Le vernis	*El barniz*	él balnis

LA PAPETERIE / *LA PAPELERÍA*

L'enveloppe	*El sobre*	él soblé
La colle	*El pegamento*	él pégaménto
Le cadre	*El marco*	él malco
Le calendrier	*El calendario*	él caléndalio
Le carnet	*El bloc*	él bloc
Le coupe-papier	*El cortapapel*	él coltapapél
Le crayon	*El lápiz*	la lapisse
Le journal	*El periódico*	él péliodico
Le livre	*El libro*	al liblo
Le magazine	*La revista*	la lébista
Le papier	*El papel*	él papél
Le papier à lettres	*El papel de carta*	él papél de calta
Le scotch	*El celo*	él célo
Le stylo	*El bolígrafo*	él boliglafo
Les cartes à jouer	*Los naipes*	los nahipés
Les ciseaux	*Las tijeras*	las tirélas

PARTIE III

LES PROBLÈMES

1. SANTÉ ET MÉDECINE / *SALUD Y MEDICINA*

Tout voyage aussi agréable soit-il, peut avoir, malheureusement, son lot de désagréments. Parmi ceux-là, des problèmes de santé peuvent parfois se poser et il faut savoir les résoudre en urgence. Voici donc une petite liste de situations pas vraiment cocasses, mais utiles pour que votre sympathique séjour ne se transforme pas en enfer.

MALADE À L'HÔTEL / *ENFERMO EN EL HOTEL*

Quel régime dois-je suivre ?
¿Cuál es la dieta que tengo que seguir?

Quand serai-je guéri(e) ? *¿Cuándo estaré curado(a)?*

De combien de jours de repos ai-je besoin ?
¿Cuántos días de descanso necesito?

Puis-je poursuivre mon voyage ? *¿Puedo seguir mi viaje?*

Puis-je avoir un certificat médical ?
¿Puedo tener un certificado médico?

Dois-je aller à l'hôpital ? *¿Tengo que ir al hospital?*

Je suis enrhumé. *Estoy constipado*[1].

Je suis constipé. *Estoy estreñido.*

J'ai vomi mon repas. *He vomitado la comida.*

J'ai du mal à respirer. *Me cuesta respirar.*

---

1. Attention tout particulièrement à ce faux ami.

J'ai mal ici. *Me duele aquí.*

J'ai mal au ventre. *Me duele el estómago.*

J'ai mal à la tête. *Me duele la cabeza.*

J'ai mal à la gorge. *Me duele la garganta.*

J'ai très mal ici. *Me duele mucho aquí.*

J'ai un peu mal ici. *Me duele un poco aquí.*

J'ai mal aux yeux. *Me duelen los ojos*[2].

Je me suis blessé. *Me he herido.*

Je me suis foulé la cheville. *Me he torcido el tobillo.*

Je me sens fatigué(e). *Me siento cansado(a).*

Je me sens mal. *Me siento mal.*

Mon ami s'est blessé. *Mi amigo se ha herido.*

Mon groupe sanguin est le... *Mi grupo sanguíneo es el...*

Je n'ai pas d'appétit. *No tengo ganas de comer.*

Il/elle saigne beaucoup. *Sangra mucho.*

Il/elle s'est évanoui(e). *Se ha desmayado.*

J'ai des nausées. *Siento náuseas.*

---

2. L'usage de ce genre de forme se nomme en espagnol une tournure affective dont le sujet se trouve être le complément, il faudra donc prendre soin d'accorder au singulier ou au pluriel la partie incriminée : *me duele la cabeza* : littéralement « la tête me fait mal », *me duelen los ojos* : « les yeux me font mal ».

Je fais des allergies. *Tengo alergias.*

J'ai la diarrhée. *Tengo diarrea.*

J'ai des vertiges. *Tengo extravíos.*

J'ai de la fièvre. *Tengo fiebre.*

J'ai froid. *Tengo frío.*

J'ai une assurance. *Tengo un seguro.*

Je vais aux toilettes toutes les cinq minutes.
Voy al servicio cada cinco minutos.

Où aller quand on est malade ?

Avant de partir, il est fortement conseillé de se munir de la Carte européenne d'assurance maladie que vous demanderez 15 jours avant votre départ. Une bonne assurance rapatriement n'est pas à exclure, sait-on jamais. Dans l'ensemble, le système hospitalier espagnol est bon, aussi bien pour les soins traditionnels que pour les urgences.
En ce qui concerne le système public, l'ensemble des soins est pris en charge par l'Insalud *(Instituto Nacional de Gestión Sanitaria)*, l'équivalent de notre dispensaire. Ce système présente la particularité de ne pas avoir à faire l'avance lors des soins si vous possédez la Carte européenne d'assurance. Cette facilité explique que 90 % des Espagnols aient recours à ce système. Les seuls bémols relatifs à l'Insalud sont les délais d'attente souvent longs, ainsi que certaines prestations non remboursées comme les soins optiques et dentaires.
Si vous êtes pressé, le système privé est certes plus efficace mais payant car financé par les assurances privées.
Enfin, une fois votre ordonnance en poche, vous pouvez aller vous procurer vos médicaments. Outre ceux qui vous sont prescrits, vous avez la possibilité de vous procurer un grand éventail de médicaments sans ordonnance. Bien sûr, sans ordonnance, vous ne serez pas remboursé alors que si vous avez une prescription, vous aurez à payer environ 40 % du prix du médicament.

CHEZ LE MÉDECIN / *EN EL MÉDICO*

Depuis quand avez-vous mal ? *¿Desde cuándo le duele?*

Où avez-vous mal ? *¿Dónde le duele?*

Quel genre de douleur ressentez-vous ?
¿Qué tipo de dolor siente usted?

Prenez-vous un médicament régulièrement ?
¿Toma una medicina regularmente?

Avez-vous déjà eu les mêmes symptômes ?
¿Ya ha tenido los mismos síntomas?

Ouvrez la bouche. *Abra la boca.*

Vous devez faire un bilan de santé.
Debe hacer un chequeo.

Vous devriez rencontrer un spécialiste.
Debería encontrar a un especialista.

La douleur que je ressens est lancinante / un élancement / une douleur persistante.
El dolor que siento es lancinante / un latido / un dolor persistente.

Nous allons examiner votre urine.
Le vamos a analizar la orina.

Nous allons vous faire une prise de sang.
Le vamos a hacer una toma de sangre.

Je vais prendre votre tension. *Le voy a medir la tensión.*

Je vais prendre votre température.
Le voy a tomar la temperatura.

Ne mangez pas trop salé / sucré / piquant.
No coma demasiado salado / azucarado / picante.

Ne bougez pas. *No se mueva.*

Déshabillez-vous. *Quítese la ropa.*

Retroussez votre manche. *Remánguese la manga.*

Respirez profondément. *Respire hondo.*

Il faut vous hospitaliser d'urgence.
Se le debe hospitalizar urgentemente.

Nous devons vous opérer. *Tenemos que operarle.*

Vous devez vous reposer pendant trois jours.
Tiene que descansar durante tres días.

Vous devez vous passer du tabac et de l'alcool.
Tiene que prescindir del tabaco y del alcohol.

Vous devez rentrer en France. *Tiene que volver a Francia.*

Vous avez une infection. *Tiene usted una infección.*

Allongez-vous ici. *Túmbese aquí.*

Nous allons examiner vos selles.
Vamos a examinar sus deposiciones.

Nous allons vous faire une radio. *Vamos a hacerle una radio.*

Nous allons vous faire une piqûre.
Vamos a ponerle inyecciones.

Revenez me voir dans une semaine.
Vuelva a verme dentro de una semana.

À LA PHARMACIE / *EN LA FARMACIA*

Comment se prend ce médicament ?
¿Cómo se toma esta medicina?

Quelle est la posologie de ce médicament ?
¿Cuál es la posología de este medicamento?

Pouvez-vous me donner l'ordonnance s'il vous plaît ?
¿Puede darme la receta por favor?

Faites fondre la pastille sous la langue.
Haga que se derrita la pastilla debajo de la lengua.

Voici mon ordonnance. *He aquí mi receta.*

J'ai mal à la gorge. *Me duele la garganta.*

Je n'ai pas d'ordonnance. *No tengo receta.*

Je voudrais un médicament qui soigne le rhume / les maux de tête / l'estomac / les dents.
Quisiera una medicina que cure el catarro / la jaqueca / el estómago / los dientes.

Vous ne pouvez prendre ce médicament que si vous avez une ordonnance.
Sólo puede comprar este medicamento si lleva una receta.

Je fais des allergies. *Tengo alergia.*

Prenez une cuillère de ce médicament.
Tome una cuchara de este medicamento.

Prenez une pastille. *Tome una pastilla.*

Trois fois par jour avant les repas / après les repas.
Tres veces al día antes de comer / después de comer.

Allez à la pharmacie avec cette ordonnance.
Vaya a la farmacia con esta receta.

Nous avons de l'aspirine. *Vendemos aspirina.*

Je viens chercher des médicaments.
Vengo a comprar medicamentos.

UN ACCIDENT / *UN ACCIDENTE*

Donnez-moi les premiers soins s'il vous plaît.
Déme los primeros auxilios por favor.

Dépêchez-vous s'il vous plaît. *Dese prisa por favor.*

L'accident s'est produit sur la route...
El accidente se produjo en la carretera...

Il y a eu un accident. *Ha habido un accidente.*

Le numéro d'immatriculation est... *La matrícula es...*

Contactez la compagnie de location de véhicules.
Llame la compañía de alquiler de coches.

Appelez la police / la Garde civile (équivalent des gendarmes) / les pompiers / une ambulance / un médecin.
Llame la policía / la Guardia Civil / los bomberos / una ambulancia / un médico.

Amenez-moi à l'hôpital s'il vous plaît.
Lléveme a un hospital por favor.

J'ai mal ici. *Me duele aquí.*

J'ai mal aux cervicales. *Me duelen los cervicales.*

J'ai été renversé par une voiture / une mobylette / un vélo.
Me ha atropellado un coche / una vespa / una bici.

Je me sens très mal. *Me siento fatal.*

Je me sens mieux. *Me siento mejor.*

Je ne me souviens pas des détails.
No me acuerdo de los detalles.

Je ne me suis pas évanoui(e). *No me he desmayado.*

Je ne peux pas bouger le cou / le bras / les bras / la jambe gauche / la jambe droite / les jambes / la main gauche / la main droite / les doigts.
No puedo mover el cuello / el brazo / los brazos / la pierna izquierda / la pierna derecha / las piernas / la mano izquierda / la mano derecha / los dedos.

Je ne peux pas bouger. *No puedo moverme.*

Je ne vois rien, où sont mes lunettes ?
No veo nada, ¿dónde están mis gafas?

UN PEU DE VOCABULAIRE INDISPENSABLE

LE CORPS / *EL CUERPO*

Édenté(e)	*Desdentado(a)*	désdentado(a)
Gros(se)	*Gordo(a)*	goldo(a)
L'aisselle	*El sobaco*	él sobaco
L'annulaire	*El anular*	él anoulal
L'articulation	*La articulación*	la alticoulassione
L'épaule	*El hombro*	él homblo
L'estomac	*El estómago*	él estomago
L'haleine	*El aliento*	él aliénto

L'incisive	*El incisivo*	él incissivo
L'index	*El índice*	él indissé
L'indigestion	*La indigestión*	la indirestione
L'œil	*El ojo*	él oro
L'ongle	*La uña*	la ougna
L'oreille	*La oreja*	la olera
L'orteil	*El dedo del pie*	él dédo del pi
L'os	*El hueso*	él huesso
La barbe	*La barba*	la balba
La bouche	*La boca*	la boca
La canine	*El colmillo*	él colmiyo
Le cerne	*La ojera*	la orela
La chair	*La carne*	la calné
La chevelure	*La melena*	la méléna
La cheville	*El tobillo*	él tobillo
La côte	*La costilla*	la costiya
La cuisse	*El muslo*	él mouslo
La dent	*El diente*	él dienté
La digestion	*La digestión*	la direstione
La gencive	*La encía*	la ennsilla
La gorge	*La garganta*	la galgannta
La hanche	*La cadera*	la cadéla
La joue	*La mejilla*	la mérilla
La langue	*La lengua*	la lenngoua
La lèvre	*El labio*	él labio
La main	*La mano*	la mano
La molaire	*La muela*	la mouéla
La moustache	*El bigote*	él bigoté

La narine	*La ventana de la nariz*	la béntana de la nalisse
La peau	*La piel*	la piél
La poitrine	*El pecho*	él petcho
La prunelle	*La niña (de los ojos)*	la nigna (dé los oros)
La pupille	*La pupila*	la poupila
La taille	*La cintura*	la cinntula
La tempe	*La sien*	la sienne
La tête	*La cabeza*	la cabessa
La veine	*La vena*	la béna
Le bouton	*El grano*	él glano
Le cerveau	*El cerebro*	él célébro
Le cil	*La pestaña*	la pestagna
Le cœur	*El corazón*	él colassone
Le cou	*El cuello*	él cueyo
Le coude	*El codo*	él codo
Le doigt	*El dedo*	él dédo
Le dos	*La espalda*	la éspalda
Le foie	*El hígado*	él higado
Le front	*La frente*	la flénté
Le genou	*La rodilla*	la lodiya
Le grain de beauté	*El lunar*	él lounal
Le majeur	*El dedo medio / el dedo del corazón*	él dédo médio / él dédo del colassone
Le mamelon	*El pezón*	él persone
Le menton	*El mentón / la barbilla*	él méntoné / la barbiya
Le mollet	*La pantorrilla*	la pantoliya
Le muscle	*El músculo*	él mouscoulo

Le nerf	*El nervio*	él nelbio
Le nez	*La nariz*	la narisse
Le palais	*El paladar*	él paladal
Le petit doigt	*El dedo meñique*	él dédo megniqué
Le pied	*El pie*	él pié
Le poignet	*La muñeca*	la mougnéca
Le pouce	*El pulgar*	él poulgal
Le pouls	*El pulso*	él poulso
Le poumon	*El pulmón*	él poulmone
Le rein	*El riñón*	él lignone
Le sang	*La sangre*	la sanglé
Le sein	*El seno*	él séno
Le sourcil	*La ceja*	la cera
Le tronc	*El tronco*	él tlonnco
Le ventre	*El vientre*	él vientlé
Le visage	*La cara / el rostro*	la cala / el lostlo
Les cheveux	*El pelo*	él pelo
Les membres	*Los miembros*	los miémbros
Les muscles jumeaux	*Los músculos gemelos*	los mouscouos rémélos
Les poils	*Los pelos*	los pélos
Maigre	*Flaco(a)*	flaco(a)
Pâle	*Pálido(a)*	palido(a)
Saigner	*Sangrar*	sannglar
Sain(e)	*Sano(a)*	sano(a)

LA SANTÉ ET LA MALADIE / *LA SALUD Y LA ENFERMEDAD*

Boiter	*Cojear*	coreal
Cassé(e)	*Roto(a)*	loto(a)
Cracher	*Escupir*	escoupil
Examiner	*Auscultar*	aouscoultal
L'épuisement	*El agotamiento*	él agotamiénto
L'évanouissement	*El desmayo*	él desmayo
L'hémorragie	*La hemorragia*	la hémolaria
L'opération	*La operación*	la opelacionne
L'ordonnance	*La receta*	la lécéta
La bande	*La venda*	la benda
La blessure	*La herida*	la hélida
La bronchite	*La bronquitis*	la blonnquitis
La cicatrice	*La cicatriz*	la cicatlisse
La coqueluche	*La tos ferina*	la tosse félina
La douleur	*El dolor*	él dolor
La faiblesse	*La debilidad*	la débilidad
La fatigue	*El cansancio*	él cannsanncio
La fièvre	*La fiebre*	la fiéblé
La fracture	*La fractura*	la fractura
La grippe	*La gripe*	la gripé
La guérison	*La cura*	la coula
La jaunisse	*La ictericia*	la ictélissia
La migraine	*La jaqueca*	la raquéca
La paralysie	*La parálisis*	la palalissis
La pharmacie	*La farmacia*	la falmacia
La pneumonie	*La pulmonía*	la pulmonilla
La rougeole	*El sarampión*	él salampionne

La sueur	*El sudor*	él soudor
La toux	*La tos*	la tosse
Le chirurgien	*El cirujano*	él ciloulano
Le frisson	*El escalofrío*	él escaloflillo
Le médecin	*El médico*	él médico
Le pansement	*La tirita*	la tilita
Le pharmacien	*El farmacéutico*	él falmacéoutico
Le rhumatisme	*El reuma*	él léouma
Le rhume	*El resfriado*	él lésflillado
Les médicaments	*Los medicamentos / la medicina*	los médicamentos/ la médicina
Les oreillons	*La parotiditis*	la palotiditis
Soigner	*Cuidar*	couidal
Trembler	*Temblar*	témblal

2. VOLS, GRÈVES ET AUTRES PROBLÈMES / *ROBOS, HUELGAS Y OTROS PROBLEMAS*

VOL ET OBJETS PERDUS / *ROBO Y OBJETOS PERDIDOS*

Au voleur ! *¡Al ladrón!*

À l'aide ! *¡Auxilio!*

Appelez la police ! *¡Llame a la policía!*

Arrêtez-vous ! *¡Párese!*

Au secours ! *¡Socorro!*

Allez-vous en ! *¡Váyase! / ¡Idos!*[1]

À qui dois-je m'adresser pour signaler le vol ?
¿A quién debo dirigirme para señalar el robo?

Quand va-t-on me prévenir ? *¿Cuándo me avisarán?*

Combien de temps vous faut-il pour remplacer les chèques ?
¿Cuánto tiempo necesita para reemplazar los cheques?

Combien de temps allez-vous rester ici ?
¿Cuánto tiempo va a quedar aquí?

Depuis combien de temps êtes-vous ici ?
¿Desde cuándo está aquí?

Où se trouve le bureau des objets trouvés ?
¿Dónde está el depósito de los objetos perdidos?

---

1. Bien que cela soit un peu fortuit dans le feu de l'action, le premier cas vouvoie poliment l'assaillant alors que le second demande à plusieurs assaillants de partir, assaillants que l'on tutoiera au pluriel.

Où se trouve le commissariat / la gendarmerie / le consulat de France / l'ambassade de France ?
¿Dónde está la comisaría / la Guardia Civil / el consulado de Francia / la embajada de Francia?

Où puis-je récupérer les objets volés ?
¿Dónde puedo ir a recuperar los objetos robados?

Avez-vous vu un sac par ici ? *¿Ha visto algún bolso por aquí?*

Pouvez-vous vous dépêcher ? C'est urgent !
¿Puede apresurarse? ¡Es urgente!

Pouvez-vous me décrire l'objet volé ?
¿Puede describirme el objeto robado?

Pouvez-vous me remettre un document de l'accident / du vol / de la perte des objets ?
¿Puede entregarme un documento del accidente / del robo / de la pérdida de los objetos?

Pouvez-vous me faire une déclaration de vol ?
¿Puede hacerme una declaración de robo?

Qu'y a-t-il dans le sac ? *¿Qué lleva el bolso?*

Je viens de perdre ma carte d'identité / mon passeport / mon permis de conduire.
Acabo de perder el DNI (Documento Nacional de Identidad) / el pasaporte / el carné de conducir.

Voici le récépissé de votre déclaration.
Aquí tiene el resguardo de su declaración.

Le sac porte une étiquette à mon nom.
El bolso lleva una etiqueta con mi apellido.

Le voleur était un voleur à l'étalage / un voleur à la tire.
El ladrón era un mechero / un carterista.

Le vol a été un vol qualifié / un vol à main armée / un vol à l'arraché.
El robo fue un robo con agravantes / un atraco / un tirón.

Dans mon sac, il y a une carte de crédit / de l'argent (billets et argent liquide) / des vêtements / des chèques / un appareil photo / des objets sentimentaux / un plan de la ville.
En el bolso hay una tarjeta de crédito / dinero (billetes y metálico) / ropa / cheques / una cámara / objetos sentimentales / un plan de la ciudad.

Écrivez ici vos coordonnées : le prénom / le nom / le sexe / l'adresse / les effets volés / le numéro de téléphone (fixe et mobile).
Escriba aquí sus datos: el nombre / el apellido / el sex[2] */ la dirección / los efectos robados / el número de teléfono (fijo o móvil).*

J'ai oublié mon sac dans le taxi / le bus / le train / le tramway.
He olvidado mi bolso en un taxi / autobús / el tren / el tranvía.

J'ai perdu ma carte de crédit.
He perdido mi tarjeta de crédito.

Le portefeuille perdu contenait une carte de crédit.
La cartera perdida llevaba una tarjeta de crédito.

Le portefeuille que j'avais laissé ici a disparu.
La cartera que yo había dejado aquí ha desaparecido.

Veuillez remplir ces formulaires.
Le ruego llene esos formularios.

2. A ce titre, il faut signaler que « M » malgré les apparences désignera madame (« M » comme *mujer*, « femme »), et « H » monsieur (« h » comme *hombre*, « homme »).

On vous préviendra quand on le retrouvera.
Le/la[3] *avisaremos cuando lo encontremos.*

Appelez quelqu'un qui parle français s'il vous plaît.
Llame alguien que hable francés por favor.

On m'a volé mon portefeuille / mon porte-monnaie / ma valise / mon appareil photo / mon caméscope / ma voiture / mon chéquier / mes lunettes de soleil / mon sac à dos / mon sac à main.
Me han robado la cartera / el monedero / la maleta / la cámara de fotos / la videocámara / el coche / un talonario de cheques / las gafas de sol / la mochila / el bolso.

Pendant que je sortais, mes bijoux ont disparu.
Mientras yo salía, mis joyas han desaparecido.

Un pickpocket m'a volé mon portefeuille.
Un ladrón me ha robado mi cartera.

Étant donné que j'ai perdu mes chèques de voyage, vous est-il possible de les remplacer ?
Ya que he perdido mis cheques de viaje ¿le es posible sustituirlos por otros?

Fausse police et vrais problèmes

Mais que fait la police ? Combien de fois avons-nous pu prononcer cette phrase devant l'inanité de certains pouvoirs publics ? Sans entrer dans le débat illusoire d'une police omnisciente, une autre « police » parallèle opère vers Barcelone et Madrid et fait des ravages. Sous prétexte de contrôler votre voiture pour une raison quelconque (recherche de drogue, terrorisme, fausse monnaie, etc.), de faux policiers dans des voitures relativement en bon état se mettent à votre hauteur et vous somment de vous arrêter, plaque de police à l'appui.
Tout va alors très vite. Sous couvert des prétextes futiles évoqués plus haut, ils peuvent se montrer agressifs pour vous intimider, puis vérifier

3. Pour simplifier l'emploi des pronoms COI, rappelons que *le* désigne monsieur, *la*, madame.

votre voiture (boîte à gants et autre) pour vous délester de vos objets de valeur et de vos liquidités en particulier.
Un bon conseil, quelle que soit la plaque présentée lorsque vous roulez, arrêtez-vous sur une aire achalandée : il y a de grandes chances pour que vos faux policiers se soient envolés. Et s'ils sont encore là, exigez de vous rendre au commissariat ou à la *Guardia Civil*, équivalent de notre gendarmerie.
Deuxième chose : ne vous laissez pas impressionner par les lunettes noires à la Starsky et Hutch, il ne s'agit que d'un subterfuge visant tout autant à intimider qu'à ne pas être reconnus.
Un dernier conseil : lors de voyages en voiture, fractionnez un maximum les sommes transportées et ne laissez rien en évidence ou « caché » de façon trop ostentatoire (boîte à gants, tapis de la voiture...). L'art du voyageur, en l'espèce, réside dans sa capacité à diviser les sommes d'argent à la fois sur lui (ceintures à même le corps, argent disséminé au fin fond de plusieurs bagages) et à arnaquer... les arnaqueurs !

GRÈVES ET AUTRES INCONVÉNIENTS / *HUELGAS Y OTROS INCONVENIENTES*

Combien de temps faut-il attendre pour revenir à une situation normale ?
¿Cuánto tiempo hay que esperar para volver a una situación normal?

Pourquoi est-ce fermé ? *¿Por qué está cerrado?*

À cause de la grève, on a repoussé l'heure d'ouverture.
Debido a la huelga, se ha aplazado la hora de apertura.

C'est une fermeture provisoire. *Es un cierre provisorio.*

On a déclaré une grève pour aujourd'hui.
Han convocado una huelga para hoy.

Aujourd'hui, il y a une grève du métro / du tramway / des taxis / de la SNCF espagnole / de l'aéroport.
Hoy, hay una huelga del metro / del tranvía / de los taxistas / de la RENFE / del aeropuerto.

La grève va durer toute la journée / jusqu'à demain / jusqu'après-demain / toute la semaine.
La huelga va a durar todo el día / hasta mañana / hasta pasado mañana / toda la semana.

Les ouvriers sont en grève. *Los obreros están en huelga.*

Les professeurs se sont déclarés en grève.
Los profesores se han declarado en huelga.

Ceux qui sont pressés peuvent prendre le bus / le métro / le tramway / le taxi / leur propre voiture.
Los que tengan prisa pueden tomar el bus / el metro / el tranvía / el taxi / su coche propio.

Il est possible que la grève se termine cet après-midi.
Puede que la huelga termine por la tarde.

Il y a encore des services de bus / trains / tramways / taxis / aéroports.
Sigue habiendo servicios de autobús / trenes / tranvías / taxis / aeropuertos.

Faites attention aux piquets de grève.
Tenga cuidado con los piquetes de huelga.

Prendre son mal en patience

Plus raisonnable que la France, moins jacobine et moins acerbe dans ses actions, l'Espagne ne peut qu'être moins en propension à la grève que sa voisine. Pourtant, l'histoire a pu prouver que la péninsule ibérique pouvait également être capable de descendre dans la rue lors de *decretazos* anti-Aznar ou de critiques économiques de la politique de Zapatero. Que faire alors ? Se renseigner sur la durée de la grève et les services touchés, puis faire comme en France : prendre son mal en patience et attendre, sans oublier de vitupérer contre le service public, que l'on se dépêchera d'embrasser sur les deux joues une fois la crise passée.

UN PEU DE VOCABULAIRE INDISPENSABLE

LA JUSTICE ET LES VOLEURS / *JUSTICIA Y LADRONES*

Acquitter	*Absolver*	absolvèl
Défendre	*Defender*	defenndèle
Dénoncer	*Delatar*	délatal
Enquêter	*Indagar*	indagar
Gracier	*Indultar*	indoultal
Interroger	*Interrogar*	intelogal
L'accusateur	*El acusador*	él acoussadol
L'accusé	*El acusado*	él acoussado
L'acquittement	*La absolución*	la absoloussionne
L'amende	*La multa*	la moulta
L'assassin	*El asesino*	él assessino
L'aveu	*La confesión*	la confessione
L'avocat	*El abogado*	él abogado
L'avocat général	*El fiscal*	él fiscal
L'enquêteur	*El investigador*	él inbéstigadol
L'escroc	*El estafador*	él estafadol
L'escroquerie	*La estafa*	la estafa
L'homicide	*El homicidio*	él omicidio
L'interrogatoire	*El interrogatorio*	él intélogatorio
La confiscation	*La confiscación*	la confisacionne
La corruption	*La corrupción*	la colupcione
La cour	*La audiencia*	la aoudiencia
La défense	*La defensa*	la défennssa
La dénonciation	*La denuncia*	la dénouncia
La déposition	*La declaración*	la déclalacione

La détention	*El arresto*	él alesto
La loi	*La ley*	la léye
La mise en liberté conditionnelle	*La puesta en libertad condicional*	la pouesta én libeltad condicionnal
La peine	*La pena*	la péna
La plainte	*La queja*	la quéra
La police	*La policía*	La polissilla
La prison	*La cárcel*	la calcèle
La réclusion	*La reclusión*	la lécloussione
La sentence	*El fallo*	él faillo
Le bandit	*El bandido*	él banndido
Le chantage	*El chantaje*	él chantaré
Le code pénal	*El código penal*	él codigo pénal
Le complice	*El cómplice*	él commplicé
Le crime	*El crimen*	él climène
Le délit	*El delito*	él délito
Le juge	*El juez*	él roués
Le jugement	*El juicio*	él rouicio
Le jury / les jurés	*El jurado*	él roulado
Le malfaiteur	*El malhechor*	él malechol
Le pickpocket	*El carterista*	él calterista
Le policier	*El policía*	él pollissilla
Le procès	*El pleito / el proceso*	él pléito / él plocésso
Le procès-verbal	*El atestado*	él atéstado
Le serment	*El juramento*	él roulamennto
Le témoin	*El testigo*	él téstigo
Le verdict	*El veredicto*	él vélédicto
Le voleur / la voleuse	*El ladrón / la ladrona*	él ladlone / la ladlona

Les soupçons	*Las sospechas*	las sospétchasse
Porter plainte	*Presentar una denuncia*	présental ouna dénouncia
Un coupable	*Un culpable*	oun coulpablé
Un innocent	*Un inocente*	oun inocénté
Une punition	*Un castigo*	oun castigo

LES GRÈVES / *LAS HUELGAS*

Déclencher une grève	*Convocar una huelga*	conbocal ouna ouelga
Une grève d'avertissement	*Una huelga de aviso*	ouna ouelga dé abisso
Une grève de la faim	*Una huelga de hambre*	ouna ouelga de amblé
Une grève de solidarité	*Una huelga por solidaridad/simpatía*	ouna ouelga de solidalidad/simpatilla
Une grève éclair	*Una huelga relámpago*	ouna ouelga lelammpago
Une grève générale	*Una huelga general*	ouna ouelga renelal
Une grève intermittente	*Una huelga intermitente*	ouna ouelga inntermiténté
Une grève partielle	*Una huelga parcial*	ouna ouelga palcial
Une grève sur le tas	*Una huelga de brazos caídos*	ouna ouelga de blassos caillidos
Une grève tournante	*Una huelga alternativa*	ouna ouelga altelnativa

ANNEXE : QUELQUES CONJUGAISONS ESSENTIELLES

ANEJO: UNAS CONJUGACIONES ESENCIALES

Propos liminaire

Sans entrer dans le détail complexe des conjugaisons de l'espagnol, il peut arriver que vous ayez à vous exprimer dans des situations autres que celles exposées ici. Voici donc une liste des verbes les plus courants aux conjugaisons elles aussi les plus courantes. Les temps complexes et composés ne sont pas reproduits à dessein : il semble en effet plus opérant de s'exprimer dans la facilité et l'immédiateté plutôt que de maîtriser des formes complexes peu adaptées au contexte touristique.

Ne vous formalisez pas si les pronoms sont absents : ils sont peu usités en espagnol et ne servent qu'à insister ou à lever une ambiguïté pronominale.

1. *ANDAR* / MARCHER

Présent	Futur	Passé simple	Impératif	Défense
Ando	Andaré	Anduve	-	-
Andas	Andarás	Anduviste	Anda	No andes
Anda	Andará	Anduvo	Ande[1]	No ande
Andamos	Andaremos	Anduvimos	Andemos	No andemos
Andáis	Andaréis	Anduvisteis	Andad	No andéis
Andan	Andarán	Anduvieron	Anden	No anden

2. *CAER* / TOMBER

Présent	Futur	Passé simple	Impératif	Défense
Caigo	Caeré	Caí	-	-
Caes	Caerás	Caíste	Cae	No caigas
Cae	Caerá	Cayó	Caiga	No caiga
Caemos	Caeremos	Caímos	Caigamos	No caigamos
Caéis	Caeréis	Caísteis	Caed	No caigáis
Caen	Caerán	Cayeron	Caigan	No caigan

1. Le vouvoiement espagnol est particulier et se décline en trois possibilités : *usted, ustedes* et *vosotros/as.*
L'étymologie : *usted* signifie « votre grâce » et s'adresse à une personne vouvoyée de façon polie, *ustedes* a la même signification, mais avec plusieurs personnes que l'on vouvoierait poliment au singulier. Quant à *vosotros/as,* il s'agit de personnes que l'on tutoierait au singulier. Pour mieux comprendre, voici le schéma suivant :

Impératif	Pronoms personnels	Equivalent
Anda	*Tú*	Tutoiement singulier
Ande	*Usted*	Vouvoiement poli singulier
Andemos	*Nosotros/as*	Nous
Andad	*Vosotros/a*	Tutoiement collectif
Anden	*Ustedes*	Vouvoiement poli pluriel

3. *COCER* / CUIRE

Présent	Futur	Passé simple	Impératif	Défense
Cuezo	Coceré	Cocí	-	-
Cueces	Cocerás	Cociste	Cuece	No cuezas
Cuece	Cocerá	Coció	Cueza	No cueza
Cocemos	Coceremos	Cocimos	Cozamos	No cozamos
Cocéis	Coceréis	Cocisteis	Coced	No cozáis
Cuecen	Cocerán	Cocieron	Cuezan	No cuezan

4. *COGER* / PRENDRE

Présent	Futur	Passé simple	Impératif	Défense
Cojo	Cogeré	Cogí	-	-
Coges	Cogerás	Cogiste	Coge	No cojas
Coge	Cogerá	Cogió	Coja	No coja
Cogemos	Cogeremos	Cogimos	Cojamos	No cojamos
Cogéis	Cogeréis	Cogisteis	Coged	No cojáis
Cogen	Cogerán	Cogieron	Cojan	No cojan

5. *CONOCER* / CONNAÎTRE

Présent	Futur	Passé simple	Impératif	Défense
Conozco	Conoceré	Conocí	-	-
Conoces	Conocerás	Conociste	Conoce	No conozcas
Conoce	Conocerá	Conoció	Conozca	No conozca
Conocemos	Conoceremos	Conocimos	Conozcamos	No conozcamos
Conocéis	Conoceréis	Conocisteis	Conoced	No conozcáis
Conocen	Conocerán	Conocieron	Conozcan	No conozcan

6. *CREER* / CROIRE

Présent	Futur	Passé simple	Impératif	Défense
Creo	Creeré	Creí	–	–
Crees	Creerás	Creíste	Cree	No creas
Cree	Creerá	Creyó	Crea	No crea
Creemos	Creeremos	Creímos	Creamos	No creamos
Creéis	Creeréis	Creísteis	Creed	No creáis
Creen	Creerán	Creyeron	Crean	No crean

7. *DAR* / DONNER

Présent	Futur	Passé simple	Impératif	Défense
Doy	Daré	Di	–	–
Das	Darás	Diste	Da	No des
Da	Dará	Dio	Dé	No dé
Damos	Daremos	Dimos	Demos	No demos
Dais	Daréis	Disteis	Deis	No deis
Dan	Darán	Dieron	Dan	No den

8. *DEBER* / DEVOIR

Présent	Futur	Passé simple	Impératif	Défense
Debo	Deberé	Debí	–	–
Debes	Deberás	Debiste	Debe	No debas
Debe	Deberá	Debió	Deba	No deba
Debemos	Deberemos	Debimos	Debamos	No debamos
Debéis	Deberéis	Debisteis	Debed	No debáis
Deben	Deberán	Debieron	Deban	No deban

9. *DECIR* / DIRE

Présent	Futur	Passé simple	Impératif	Défense
Digo	Diré	Dije		
Dices	Dirás	Dijiste	Di	No digas
Dice	Dirá	Dijo	Diga	No diga
Decimos	Diremos	Dijimos	Digamos	No digamos
Decís	Diréis	Dijisteis	Decid	No digáis
Dicen	Dirán	Dijeron	Digan	No digan

10. *DORMIR* / DORMIR

Présent	Futur	Passé simple	Impératif	Défense
Duermo	Dormiré	Dormí		
Duermes	Dormirás	Dormiste	Duerme	No duermas
Duerme	Dormirá	Durmió	Duerma	No duerma
Dormimos	Dormiremos	Dormimos	Durmamos	No durmamos
Dormís	Dormiréis	Dormisteis	Dormid	No durmáis
Duermen	Dormirán	Durmieron	Duerman	No duerman

11. *EMPEZAR* / COMMENCER

Présent	Futur	Passé simple	Impératif	Défense
Empiezo	Empezaré	Empecé		
Empiezas	Empezarás	Empezaste	Empieza	No empieces
Empieza	Empezará	Empezó	Empiece	No empiece
Empezamos	Empezaremos	Empezamos	Empecemos	No empecemos
Empezáis	Empezaréis	Empezasteis	Empezad	No empecéis
Empiezan	Empezarán	Empezaron	Empiecen	No empiecen

12. *ENCONTRAR* / TROUVER

Présent	Futur	Passé simple	Impératif	Défense
Encuentro	Encontraré	Encontré		
Encuentras	Encontrarás	Encontraste	Encuentra	No encuentres
Encuentra	Encontrará	Encontró	Encuentre	No encuentre
Encontramos	Encontraremos	Encontramos	Encontremos	No encontremos
Encontráis	Encontraréis	Encontrasteis	Encontrad	No encontréis
Encuentran	Encontrarán	Encontraron	Encuentren	No encuentren

13. *ESTAR* / ÊTRE[2]

Présent	Futur	Passé simple	Impératif	Défense
Estoy	Estaré	Estuve	–	–
Estás	Estarás	Estuviste	Está	No estés
Está	Estará	Estuvo	Esté	No esté
Estamos	Estaremos	Estuvimos	Estemos	No estemos
Estáis	Estaréis	Estuvisteis	Estad	No estéis
Están	Estarán	Estuvieron	Estén	No estén

2. Il y a deux verbes « être » en espagnol. Schématiquement, *estar* sert à se situer spatialement et temporellement et servira à indiquer les émotions changeantes. Par exemple :
- *estoy en la calle* : je suis dans la rue ;
- *estoy cansado* : je suis fatigué ;
- *estamos en verano* : nous sommes en été.

Ser servira à indiquer tout ce qui est de l'ordre de l'intrinsèque : *soy francés* : je suis français. Voir p. 206.

14. *GUIAR* / GUIDER

Présent	Futur	Passé simple	Impératif	Défense
Guío	Guiaré	Guié	–	–
Guías	Guiarás	Guiaste	Guía	No guíes
Guía	Guiará	Guió	Guíe	No guíe
Guiamos	Guiaremos	Guiamos	Guiemos	No guiemos
Guiáis	Guiaréis	Guiasteis	Guiad	No guieis
Guían	Guiarán	Guiaron	Guíen	No guíen

15. *HACER* / FAIRE

Présent	Futur	Passé simple	Impératif	Défense
Hago	Haré	Hice	–	–
Haces	Harás	Hiciste	Haz	No hagas
Hace	Hará	Hizo	Haga	No haga
Hacemos	Haremos	Hicimos	Hagamos	No hagamos
Hacéis	Haréis	Hicisteis	Haced	No hagáis
Hacen	Harán	Hicieron	Hagan	No hagan

16. *IR* / ALLER

Présent	Futur	Passé simple	Impératif	Défense
Voy	Iré	Fui	–	–
Vas	Irás	Fuiste	Ve	No vayas
Va	Irá	Fue	Vea	No vaya
Vamos	Iremos	Fuimos	Veamos	No vayamos
Vais	Iréis	Fuisteis	Id	No vayáis
Van	Irán	Fueron	Vean	No vayan

17. *LEVANTARSE*[3] / SE LEVER

Présent	Futur	Passé simple	Impératif	Défense
Me levanto	Me levantaré	Me levanté	-	-
Te levantas	Te levantarás	Te levantaste	Levántate	No te levantes
Se levanta	Se levantará	Se levantó	Levántese	No se levante
Nos levantamos	Nos levantaremos	Nos levantamos	Levantémonos	No nos levantemos
Os levantáis	Os levantaréis	Os levantasteis	Levantaos	No os levantéis
Se levantan	Se levantarán	Se levantaron	Levántate	No se levanten

18. *OÍR* / ENTENDRE

Présent	Futur	Passé simple	Impératif	Défense
Oigo	Oiré	Oí	-	-
Oyes	Oirás	Oíste	Oye	No oigas
Oye	Oirá	Oyó	Oiga	No oiga
Oís	Oiremos	Oímos	Oigamos	No oigamos
Oímos	Oiréis	Oísteis	Oíd	No oigáis
Oyen	Oirán	Oyeron	Oigan	No oigan

3. Les pronoms des verbes pronominaux sont très semblables à la forme française, à l'exception des deux premières personnes du pluriel.

19. *OLER* / SENTIR

Présent	Futur	Passé simple	Impératif	Défense
Huelo	Oleré	Olí	-	-
Hueles	Olerás	Oliste	Huele	No huelas
Huele	Olerá	Olió	Huela	No huela
Olemos	Oleremos	Olimos	Olamos	No olamos
Oléis	Oleréis	Olisteis	Oled	No oláis
Huelen	Olerán	Olieron	Huelan	No huelan

20. *PAGAR* / PAYER

Présent	Futur	Passé simple	Impératif	Défense
Pago	Pagaré	Pagué	-	-
Pagas	Pagarás	Pagaste	Paga	No pagues
Paga	Pagará	Pagó	Pague	No pague
Pagamos	Pagaremos	Pagamos	Paguemos	No paguemos
Pagáis	Pagaréis	Pagasteis	Pagad	No paguéis
Pagan	Pagarán	Pagaron	Paguen	No paguen

21. *PEDIR*[4] / DEMANDER

Présent	Futur	Passé simple	Impératif	Défense
Pido	Pediré	Pedí	-	-
Pides	Pedirás	Pediste	Pide	No pidas
Pide	Pedirá	Pidió	Pida	No pida
Pedimos	Pediremos	Pedimos	Pidamos	No pidamos
Pedís	Pediréis	Pedisteis	Pedid	No pidáis
Piden	Pedirán	Pidieron	Pidan	No pidan

4. *Pedir* s'entend comme « demander un service » et non « poser une question », qui se traduira *preguntar*.

22. *PENSAR* / PENSER

Présent	Futur	Passé simple	Impératif	Défense
Pienso	Pensaré	Pensé	-	-
Piensas	Pensarás	Pensaste	Piensa	No pienses
Piensa	Pensará	Pensó	Piense	No piense
Pensamos	Pensaremos	Pensamos	Pensemos	No pensemos
Pensáis	Pensaréis	Pensasteis	Pensad	No penséis
Piensan	Pensarán	Pensaron	Piensen	No piensen

23. *PODER* / POUVOIR

Présent	Futur	Passé simple	Impératif	Défense
Puedo	Podré	Pude	-	-
Puedes	Podrás	Pudiste	Puede	No puedas
Puede	Podrá	Pudo	Pueda	No pueda
Podemos	Podremos	Pudimos	Podamos	No podamos
Podéis	Podréis	Pudisteis	Poded	No podáis
Pueden	podrán	Pudieron	Puedan	No puedan

24. *PONER* / METTRE

Présent	Futur	Passé simple	Impératif	Défense
Pongo	Pondré	Puse	-	-
Pones	Pondrás	Pusiste	Pon	No pongas
Pone	Pondrá	Puso	Ponga	No ponga
Ponemos	Pondremos	Pusimos	Pongamos	No pongamos
Ponéis	Pondréis	Pusisteis	Poned	No pongáis
Ponen	Pondrán	Pusieron	Pongan	No pongan

25. *PROHIBIR* / INTERDIRE

Présent	Futur	Passé simple	Impératif	Défense
Prohíbo	Prohibiré	Prohibí	-	-
Prohíbes	Prohibirás	Prohibiste	Prohíbe	No prohíbas
Prohíbe	Prohibirá	Prohibió	Prohíba	No prohíba
Prohibimos	Prohibiremos	Prohibimos	Prohibamos	No prohibamos
Prohibís	Prohibiréis	Prohibisteis	Prohibid	No prohibáis
Prohíben	prohibirán	Prohibieron	Prohíban	No prohíban

26. *QUERER* / VOULOIR, AIMER

Présent	Futur	Passé simple	Impératif	Défense
Quiero	Querré	Quise	-	-
Quieres	Querrás	Quisiste	Quiere	No quieras
Quiere	Querrá	Quiso	Quiera	No quiera
Queremos	Querremos	Quisimos	Queramos	No queramos
Queréis	Querréis	Quisisteis	Quered	No queráis
Quieren	querrán	Quisieron	Quieran	No quieran

27. *REÍR* / RIRE

Présent	Futur	Passé simple	Impératif	Défense
Río	Reiré	Reí	-	-
Ríes	Reirás	Reíste	Ríe	No rías
Ríe	Reirá	Reyó	Ría	No ría
Reímos	Reiremos	Reímos	Riamos	No riamos
Reís	Reiréis	Reísteis	Reíd	No riáis
Ríen	Reirán	Rieron	Rían	No rían

28. *SABER* / SAVOIR

Présent	Futur	Passé simple	Impératif	Défense
Sé	Sabré	Supe	–	–
Sabes	Sabrás	Supiste	Sé	No seas
Sabe	Sabrá	Supo	Sea	No sea
Sabemos	Sabremos	Supimos	Seamos	No seamos
Sabéis	Sabréis	Supisteis	Sed	No seáis
Saben	Sabrán	Supieron	Sean	No sean

29. *SALIR* / SORTIR

Présent	Futur	Passé simple	Impératif	Défense
Salgo	Saldré	Salí	–	–
Sales	Saldrás	Saliste	Sal	No salgas
Sale	Saldrá	Salió	Salga	No salga
Salimos	Saldremos	Salimos	Salgamos	No salgamos
Salís	Saldréis	Salisteis	Salid	No salgáis
Salen	Saldrán	Salieron	Salgan	No salgan

30. *SEGUIR* / SUIVRE

Présent	Futur	Passé simple	Impératif	Défense
Sigo	Seguiré	Seguí	–	–
Sigues	Seguirás	Seguiste	Sigue	No sigas
Sigue	Seguirá	Siguió	Siga	No siga
Seguimos	Seguiremos	Seguimos	Sigamos	No sigamos
Seguís	Seguiréis	Seguisteis	Seguid	No sigáis
Siguen	Seguirán	Siguieron	Sigan	No sigan

31. *SER* / ÊTRE

Présent	Futur	Passé simple	Impératif	Défense
Soy	Seré	Fui	–	–
Eres	Serás	Fuiste	Sé	No seas
Es	Será	Fue	Sea	No sea
Somos	Seremos	Fuimos	Seamos	No seamos
Sois	Seréis	Fuisteis	Sed	No seáis
Son	Serán	Fueron	Sean	No sean

32. *TENER* / AVOIR

Présent	Futur	Passé simple	Impératif	Défense
Tengo	Tendré	Tuve	–	–
Tienes	Tendrás	Tuviste	Ten	No tengas
Tiene	Tendrá	Tuvo	Tenga	No tenga
Tenemos	Tendremos	Tuvimos	Tengamos	No tengamos
Tenéis	Tendréis	Tuvisteis	Tened	No tengáis
Tienen	Tendrán	Tuvieron	Tengan	No tengan

33. *TRAER* / APPORTER

Présent	Futur	Passé simple	Impératif	Défense
Traigo	Traeré	Traje	–	–
Traes	Traerás	Trajiste	Trae	No traigas
Trae	Traerá	Trajo	Traiga	No traiga
Traemos	Traeremos	Trajimos	Traigamos	No traigamos
Traéis	Traeréis	Trajisteis	Traed	No traigáis
Traen	Traerán	Trajeron	Traigan	No traigan

34. *VENIR* / VENIR

Présent	Futur	Passé simple	Impératif	Défense
Vengo	Vendré	Vine	–	–
Vienes	Vendrás	Viniste	Ven	No vengas
Viene	Vendrá	Vino	Venga	No venga
Venimos	Vendremos	Vinimos	Vengamos	No vengamos
Venís	Vendréis	Vinisteis	Venid	No vengáis
Vienen	Vendrán	Vinieron	Vengan	No vengan

35. *VER* / VOIR

Présent	Futur	Passé simple	Impératif	Défense
Veo	Veré	Vi	–	–
Ves	Verás	Viste	Ve	No veas
Ve	Verá	Vio	Vea	No vea
Vemos	Veremos	Vimos	Veamos	No veamos
Veis	Veréis	Visteis	Ved	No veáis
Ven	Verán	Vieron	Vean	No vean

36. *VIVIR* / VIVRE

Présent	Futur	Passé simple	Impératif	Défense
Vivo	Viviré	Viví	–	–
Vives	Vivirás	Viviste	Vive	No vivas
Vive	Vivirá	Vivió	Viva	No viva
Vivimos	Viviremos	Vivimos	Vivamos	No vivamos
Vivís	Viviréis	Vivisteis	Vivid	No viváis
Viven	Vivirán	Vivieron	Vivan	No vivan

Achevé d'imprimer en juillet 2023
sur les presses de la Nouvelle Imprimerie Laballery
58500 Clamecy (Nièvre)
Dépôt légal : 3e trimestre 2023
Numéro d'impression : 306313

Imprimé en France

La Nouvelle Imprimerie Laballery est titulaire de la marque Imprim'Vert®

34/38, rue Camille-Pelletan - 92309 Levallois-Perret cedex
Imprimerie Laballery - 58500 Clamecy
Imprimé en France - 3e trimestre 2023

Service éditorial : Thomas Beddok, Benjamin Dias Pereira, Deborah Lopez, Eva Nouzille, Myriam Pasek, Frédéric Vignaux
Conception graphique : Catherine Aubin

Dépôt légal à parution
ISBN 978-2-7590-5290-5